GW01458362

FOLIO BIOGRAPHIES

collection dirigée par

GÉRARD DE CORTANZE

Marlene Dietrich

par

Jean Pavans

Gallimard

What does it matter what you say about people ?

Quelle importance, ce qu'on dit des gens ?

Tanya dans
Touch of Evil (*La Soif du mal*).

La matrice berlinoise

Maria Magdalene Dietrich naît le vendredi 27 décembre 1901, peu après neuf heures du soir, à Schöneberg, quartier maintenant résidentiel au sud-ouest de Berlin, au 53 Sedanstraße (aujourd'hui 65 Leberstraße). Son premier surnom sera Leni, ou Lena. (Optons tout de suite pour Lena, ne serait-ce que pour marquer, par ce détail aussi, la distance radicale l'éloignant d'une autre Allemande, son exacte contemporaine, liée comme elle à l'Histoire du XXᵉ siècle, en se rendant fameuse pour avoir produit les seules œuvres de propagande nazie artistiquement mémorables, Leni Riefenstahl.) La mère de Lena, cependant, s'amusera parfois à l'appeler Paul, prénom du garçon qu'elle souhaitait et qu'elle n'eut pas.

L'acte de naissance de celle qui se forgera plus tard le prénom de Marlene a été, dans le demi-siècle suivant, retrouvé et diffusé avec malveillance, par une presse berlinoise hostile, au printemps 1960, à son retour sur les scènes allemandes. Cette publication était un rectificatif désobligeant infligé à une petite falsification que Hollywood avait opérée en 1930 pour le lancement de Dietrich, et qu'ensuite elle avait pour ainsi dire légalisée en d'autres circonstances historiques qui lui valurent l'hostilité en question : naturalisée américaine en 1937, et engagée en 1944 dans l'US Army, sous le nom de Marie M. Sieber, qui était son nom d'épouse, elle avait, sur ses papiers militaires, officiellement fait inscrire comme date de naissance le 27 décembre 1904, se rajeunissant ainsi de trois ans.

La date exacte de sa venue au monde fait d'elle un Capricorne ascendant Vierge, la disposant doublement à s'acharner au travail, avec rigueur et passion, ambition et abnégation. Dans son thème astral, son signe natal coïncide avec la Maison V, maison des jeux et des amours, où s'accumulent pour elle le Soleil, Mars, Saturne et Jupiter. Sa Maison VII, maison du mariage, se place en Poissons, signe natal de Rudolf Sieber, qu'elle épousera en 1923, et dont elle ne divorcera pas. Sa Maison X, régissant son destin professionnel, accueille Neptune, maître des rêves et des illusions, et Pluton, maître des fascinations et des bouleversements ; et cette maison pour elle se place en Gémeaux, signe des doubles et des masques, mais aussi signe natal de Josef von Sternberg.

L'astrologie est un jeu de coïncidences équivoques et hasardeuses qu'on applique à ce qu'on cherche à prouver, en donnant comme justificatif expérimental ce qui est déjà très évident. Marlene s'y est beaucoup livrée à un moment de sa vie, surtout à partir du jour où son astrologue, Carrol

Righter, la prévint d'un accident possible, qu'elle eut effectivement en se brisant la cheville pour protéger d'une chute un bébé qu'elle tenait dans les bras durant le tournage en 1942 d'un de ses films les plus ineptes, dont la trace dans sa carrière subsiste surtout par cette anecdote aussitôt « médiatisée », et par la suprême élégance des robes d'Irene : *The Lady Is Willing*. Sans vouloir jouer excessivement sur le mot *star*, astre ou étoile, nous dirons que sa propre superstition est la seule bonne raison des présentes remarques.

Cette raison toutefois en contient une autre, subsidiaire, qui est la conviction que le destin d'un être humain, étoile ou non, n'est pas moins inscrit dans les astres qu'il peut l'être dans l'hérédité. Autrement dit : il y a pour chaque individu une possibilité de détermination transcendante qui échappe au conditionnement matériel de son milieu. À lui, ou à elle, d'en faire un libre arbitre ou une volonté.

En l'occurrence, soumettre une réalité donnée à quelques techniques de l'imagination pour en révéler le sens universel, est probablement la seule façon d'élaborer un archétype et de lui rendre hommage, puisque le devoir de l'archétype conçu avec scrupule est justement d'éveiller les zones floues de l'imagination. Dans son *ABC*, curieux lexique hétérogène de pensées, recettes et préceptes publié en 1961, Marlene définit ainsi le patronyme qu'elle a porté au firmament des images : « Nom d'une clef qui ouvre toutes les serrures. Pas une clef magique. Un objet très concret, dont la fabrication exige beaucoup d'habileté[1]. » Dietrich est, en effet, le mot allemand pour « passe-partout ».

Ses parents — Louis Erich Otto Dietrich, né en 1867, et Wilhelmina Elisabeth Josefine Felsing, née en 1876 — se sont mariés en décembre 1898. Sa sœur aînée, Ottilie Josefine Elisabeth, surnommée Liesel, naît le 5 février 1900. Liesel et Lena resteront les seuls enfants du couple.

Les ancêtres de Louis Dietrich étaient des huguenots français établis à Brandebourg au début du XIXᵉ siècle. Son père, qui mourut en 1898, tenait une auberge. Sa mère devait disparaître en 1918. Dans les années 1890, Louis sert dans un régiment de cavalerie, avant d'obtenir un poste d'officier de la police impériale et d'être affecté à la quatrième circonscription, à Schöneberg.

Josefine Felsing appartient à une famille prospère d'horlogers berlinois dont la boutique, fondée en 1820, se situe 20, Unten den Linden. Elle apporte à son mari une dot confortable. Son père meurt en 1901, et son frère cadet Willibald (oncle Willi) reprend alors l'entreprise familiale.

Louis Dietrich est considéré comme un bel homme et jouit d'une réputation de coureur de femmes. Son mariage, à l'âge de trente ans, est supposé l'assagir. Mais après la naissance de sa fille cadette, il néglige son foyer et délaisse la couche de sa jeune épouse. Marlene, par la suite, reproduira en quelque sorte, à sa manière, le pouvoir de séduction de son père tôt disparu. À cet égard, son mimé-

1. Les notes bibliographiques sont regroupées en fin de volume, p. 255.

tisme, pour ainsi dire transsexuel, ira plus loin encore, en ce que, après avoir donné le jour à sa propre fille Maria — qui sera sa biographe posthume, la seule autorisée, et qui divulguera ce fait intime parmi une myriade d'autres plus ou moins désobligeants —, elle cessera tout rapport physique avec son mari, Rudolf Sieber. Cependant, son trait de caractère personnel qu'elle attribuera au mimétisme filial, ou à l'atavisme et à l'éducation, est, non pas son propre charme volage, mais son sens de la discipline et du devoir, en se déclarant à cet égard fille de soldat, ce qui est sans doute plus conventionnellement valorisant que fille de policier, et en affirmant surtout sa dette envers les inlassables leçons de rigueur prussienne de Josefine, laquelle, pour cette raison, pouvait être considérée comme le vrai soldat à qui obéir. Mais Louis, en effet, avait été un militaire médaillé.

Ces deux remontées faciles, l'une vers la légèreté paternelle, l'autre vers l'autorité maternelle, jusqu'aux premières racines de la puissante personnalité de Marlene Dietrich, ne sont pas contradictoires ni divergentes. Elles convergent au contraire vers l'image cohérente d'une volonté de synthèse androgyne — virilité dans la séduction et féminité dans l'abnégation —, qui conjugue le père et la mère en un enfant élu, et même unique : bénéficiant dès sa venue au monde, par son tempérament et par sa beauté, d'une préséance naturelle sur sa sœur aînée, Marlene, dans ses Mémoires, ira jusqu'à nier l'existence de Liesel.

Une force individuelle est sûrement remarquable

quand elle trouve sa source dans des préceptes collectifs de caste et dans les silences, ou les contre-vérités, qui fondent toute famille, héréditaire ou non. « Son énergie pour survivre et s'élever au-dessus de son environnement a dû être fantastique[2] », écrira d'elle, dans son autobiographie, Josef von Sternberg. Par cette remarque en forme d'hommage, comme par tant d'aspects sublimés des sept films qu'ils firent ensemble, il s'identifiait à Marlene — à ceci près que, pour s'élever au-dessus de ses propres conditions familiales et découvrir ses propres pouvoirs, il fut quant à lui aidé, non pas, comme elle, par des principes bourgeois à suivre ou à transgresser, mais par la misère qui le jeta, enfant, dans la rue.

Une photo désormais bien connue montre Marlene à l'âge de quatre ou cinq ans. Elle est assise sur un fauteuil d'enfant en bois peint, son corps de petite fille, aux pieds pendants sagement croisés, est enfoui sous les dentelles d'une robe blanche, et son visage, encadré par des cheveux blonds flottants tenus par deux rubans, porte la couronne, ou l'auréole, d'un grand chapeau rond rejeté en arrière. Le menton est charnu, la mâchoire ovale et anguleuse est nettement dessinée, les pommettes sont hautes, le front est légèrement bombé, la ligne du nez est précise, les lèvres sont minces, la bouche est calme, non souriante mais non crispée, le teint pâle capte et irradie la lumière, et les yeux clairs, au regard à la fois attentif et rêveur, radieux et intérieur, sont magnifiques. Ils semblent s'élargir dans des traits déjà larges et diffuser toute une présence poétique. La mise en scène est bien sûr amoureuse, de cet amour que peut inspirer à son entourage une très jeune enfant, mais c'est hors de toute illusion familiale que Lena est, en parfaite objectivité, une fillette ravissante. De cette réalité objective, il s'agira dans l'avenir de ne rien perdre, puis de tout exalter, pour parvenir à ce qu'en vocabulaire américain on appelle une « légende », et qu'en français on nomme plus volontiers un « mythe », termes dont la connotation d'affabulation n'est, en l'occurrence, pas totalement déplacée.

L'image photographique de cette beauté enfantine est fixée en une période où se produisent des événements familiaux récemment divulgués (dans la courte et solide biographie — *Dietrich* — publiée en 2003 par Malene Sheppard Skærved), et longtemps ignorés ou contredits dans les vies reconstituées ou compilations lacunaires que ne cesse de faire surgir le rayonnement polymorphe de la carrière de Marlene Dietrich. En 1906, son père et sa mère sont inscrits à des adresses différentes. En 1907, Louis subit de fréquents traitements contre la syphilis. Cette année-là, il s'installe de nouveau avec Josefine. Et il meurt le 5 août 1908 dans une clinique pour déséquilibrés mentaux. Or la version de cette disparition que Marlene donnera dans son autobiographie, d'abord parue en allemand, en 1979 — version qui sera reprise, étayée et précisée dans *Marlene Dietrich par sa fille Maria Riva*, énorme biographie documentaire publiée en 1993 —, c'est que Louis Dietrich meurt durant la Grande Guerre, en 1916, sur le front de l'Est.

Cependant, en été 1908, que surent en effet les fillettes des conditions réelles de la disparition de leur père ? Qu'il était mort d'une chute de cheval ? Marlene débute très joliment son livre de souvenirs par son chagrin d'enfant marchant seule sur le chemin de la classe : « Tout le monde disait que j'étais trop jeune pour aller à l'école[3] », commence-t-elle ; et elle situe cela à une date floue, mais présentée comme devançant d'une année ou deux la déclaration de guerre, laissant ainsi supposer qu'elle avait à cette date-là non pas dix ou douze ans, mais cinq ou six. Elle évoque aussitôt son premier attachement sentimental, pour une maîtresse de français appelée Marguerite Breguand, bientôt exilée par les hostilités, et à qui elle doit, dit-elle, son irréductible francophilie, la poussant, par exemple, à décider toute seule d'apporter des roses blanches de son jardin à des prisonniers français le jour de leur fête nationale, le 14 juillet 1915 : « Mon amour passionné pour la France [...] prit le maquis et surmonta toutes les interdictions[4]. » Elle ne mentionne nulle part Liesel. Puis elle fait peu après survenir la mort de Louis, sur le front russe, donc. Mis à part ce décalage de huit années et le maquillage des circonstances, c'est au fond une authentique conjonction de faits qui est placée à l'origine d'une première affirmation de soi : le détachement de la cellule familiale par l'entrée à l'école, la disparition et l'idéalisation du père, l'élimination subjective de la sœur aînée. Et ce n'est peut-être pas uniquement pour se rajeunir que Marlene maquille, concentre et transpose au cœur de la guerre les conditions de cette affirmation personnelle entreprise pourtant six ans plus tôt : par cet anachronisme, elle la fait mieux coïncider avec l'histoire mondiale.

C'est en 1906 ou 1907 que les deux sœurs entrent à l'école de filles Augusta-Victoria, et Marlene n'a donc pas tort de déclarer qu'elle était très petite pour cela. Décalée ou non, la chronologie implique que Josefine, après la mort de Louis, se mette à travailler pour élever ses filles, et se remarie avec Eduard von Losch, un ami du défunt, dans la famille de qui elle s'est installée. En réalité il semble que le mariage soit célébré dans l'intimité en août 1914, au moment de la déclaration de guerre, pour régulariser une situation établie probablement depuis des années, ou pour assurer l'avenir de Josefine juste avant qu'Eduard, capitaine des grenadiers, ne soit envoyé sur le front. Le 20 juin 1916, il est grièvement blessé en Lituanie, et il meurt le 16 juillet, dans les bras de sa femme, accourue à l'hôpital où il agonisait. Ce sont les dates et les circonstances que Marlene puis sa fille attribueront à la mort de Louis Dietrich. Il est vrai que, dans ses Mémoires, Marlene reste vague sur les noms ; elle ne cite même nulle part celui de von Losch, mais elle ne nomme pas davantage Louis Dietrich lorsqu'elle écrit : « Grièvement blessé, mon père était intransportable [5]. » Après tout, « mon père », dans ce contexte, pourrait être librement interprété comme « le deuxième mari de ma mère », si toutefois l'existence de ce deuxième mari avait été indiquée. La biographie publiée par Maria Riva [6] se montre plus précise encore dans la reconstitution fictive : ne gommant pas la présence d'Eduard, elle situe le remariage de Josefine en hiver 1916, et son deuxième veuvage en septembre 1917. Les légendes et les mythes connaissent fatalement de multiples versions, les plus rituellement fabuleuses et confuses étant sans doute celles des paternités ; et puis les affabulations, voire les falsifications, constituent les dons inévitables de la générosité des stars, de leur vivant et surtout par-delà leur mort, accordés à tous ceux, innombrables, qui en font l'exploitation lucrative, ponctuellement, ou pour toute une carrière.

Quoi qu'il en soit, et en dehors même de tout avenir mythique, le mensonge, ou du moins le déni familial que des enfants, désirés ou non, sont toujours plus ou moins chargés d'incarner s'appuie naturellement sur un rabâchage de principes illusoires et sur une discipline de suractivité compensatrice et salvatrice, destinés à repousser la dépression et à conjurer l'effondrement. Il faut pour cela des complicités, qui sont celles de l'entourage. Dans la famille unie qui veut certainement conformer à son propre mythe les deux petites Lena et Liesel, il y a, du côté maternel, le frère cadet de Josefine, oncle Willi, et tante Jolly, belle Polonaise qu'il épousera après la guerre. Tous deux seront des soutiens déterminants pour les débuts de Marlene Dietrich sur la scène et à l'écran — oncle Willi, en raison de ses relations dans le monde berlinois du théâtre et du cinéma (il loue une dépendance de la boutique Felsing à un fabricant de matériel optique, nommé Oskar Messter, qui y installe, dès 1903, le premier studio de cinéma de la ville) ; et tante Jolly, en raison de son extrême élégance et de sa grande beauté, références et modèles d'apparence pour Marlene, d'un an à peine plus jeune qu'elle, et qui, actrice débutante, lui empruntera des robes.

Et, du côté paternel, encore qu'il faille préciser quel est ce côté, il y a la brillante tante Valli et son riche mari, Otto Varnhagen. Le livre de Maria Riva fait paraître tante Valli tôt dans la vie des Dietrich, indiquant que c'est elle qui a organisé et mis en scène, au printemps 1906, chez le photographe officiel de la cour, la série de portraits de famille, Louis, Josefine, Liesel et Lena, où figure cette image de la beauté précoce de Marlene que nous avons commentée. Tante Valli était en fait née Valeska von Losch ; c'était la sœur, non pas de Louis, mais d'Eduard. En tout cas, le reste de l'histoire veut que tante Valli ait offert à Lena, à Pâques 1912, un beau cahier où consigner ses pensées. Ce cahier s'augmentera d'une succession continue d'autres qui subsistent maintenant dans la collection Marlene Dietrich de la Stiftung Deutsche Kinemathek de Berlin. Dès lors, Lena opère en quelque sorte systématiquement la construction intérieure de son personnage, et en particulier de ses sentiments amoureux, dans un genre qui est tout le contraire de l'effacement de soi devant les sentiments de l'autre. Au début 1914, elle examine les syllabes de son prénom double de pécheresse repentie, Maria-Magdalene, elle les manipule, elle les contracte, et elle crée le pseudonyme de Marlene.

Était-ce une complète invention de sa part, et une parfaite nouveauté? Ce surnom ne flottait-il pas dans l'air? Quelques mois plus tard, en 1915, un soldat allemand, Hans Leip, né en 1893, compose, avant de partir pour le front russe, une poésie dédiée à une jeune femme qui lui dit adieu près des baraquements; il la gardera dans son cœur, dit-il, dans l'attente de la retrouver, comme autrefois, sous la même lanterne; le prénom de l'aimée revient à la fin de chaque couplet : c'est Lili Marleen.

Lili Marleen est publiée dans un recueil en 1937. Elle est mise en musique l'année suivante par Norbert Schultze, compositeur de vingt-six ans, déjà célèbre pour ses chansons et musiques de films, et dont la carrière sera officielle sous le nazisme. La chanson est enregistrée par Lale Andersen. Elle s'attire la désapprobation de Goebbels; évidemment, sa signification est tout sauf belliqueuse. Cependant, en août 1941, elle est diffusée par la radio des forces allemandes, à l'intention de l'Afrikakorps, et ainsi débute son destin œcuménique. Captant les émissions allemandes, les troupes alliées en Afrique du Nord l'adoptent. En 1944, des paroles anglaises lui sont adaptées par Tommie Connor. Cette version est popularisée par Anne Shelton et Vera Lynn.

Arrivée en avril 1944 au Maroc, avec le grade de capitaine de l'armée américaine, Marlene Dietrich s'en empare, apportant des variantes dans le texte et bien sûr dans l'orthographe du prénom. Elle chante cette *Lili Marlene* en Europe durant cette fin de guerre, puis dans ses récitals, de 1953 à 1975. Son interprétation crée une référence, c'est une incarnation, un hymne personnel, rivalisant avec l'hymne fondateur de *Der blaue Engel* ou *The Blue Angel* — « *Ich bin von Kopf bis Fuss auf Liebe eingestellt* » ou « *Falling in love again* » —, le supplantant presque. La coïncidence entre les prénoms, la prémonition dans la destinée d'un choix enfantin peut être considérée comme double, étant donné que dans celui des chefs-d'œuvre tournés avec Sternberg qui a connu le plus grand succès public, *Shanghai Express*, sorti à New York en février 1932, le surnom de son personnage, supposé s'appeler en réalité Magdalen, est Shanghai Lily.

À l'âge de douze ans, Lena, devenue Marlene, étudie la musique, au luth, puis au violon, qu'elle pratiquera assidûment jusqu'au début des années vingt. La guerre ayant éclaté, Josefine s'installe à Dessau, en présentant ses filles sous le nom de von Losch. Marlene entre au lycée en 1917. Elle joue du violon dans l'orchestre de l'école. Une photo la montre cette année-là, brandissant son instrument, en costume masculin de pirate, à la tête de camarades déguisées en gitanes et jouant du tambourin. Elle multiplie les flirts avec les garçons et, dans son ardeur intrépide, se demande jusqu'à quand elle pourra rester prudente, mais c'est à des femmes qu'elle fait une cour passionnée, comme à une certaine comtesse Gersdorf, ou surtout à Henny Porten, première grande vedette féminine du cinéma allemand, née en 1890, et dont la carrière sera interrompue par le nazisme, son mari étant juif.

Les fleurs, les lettres brûlantes, et jusqu'à une sérénade à la fenêtre, sont naturellement prises par Henny Porten pour des tocades d'adolescente. Cependant Marlene ne voudra jamais rien perdre de cette flamme juvénile. Elle manifestera, par exemple, une égale force de dévotion idolâtre, dans les années cinquante, quoique devenue elle-même idole, à Édith Piaf. Mais faire de soi ou faire de l'autre une idole sont, dans le cas présent, deux conséquences symétriques d'une unique ambition.

En été 1918, Marlene tombe malade. On diagnostique une faiblesse cardiaque et on lui ordonne une cure de bains sulfurés. Il s'agit plus probablement d'une dépression. À l'avant-veille de l'Armistice, le 9 novembre 1918, jour de l'abdication de Guillaume II, elle note dans son cahier (selon les documents divulgués par Maria Riva) :

> Pourquoi dois-je vivre cette époque épouvantable ? Je voulais tellement une jeunesse dorée, et voilà comment les choses ont tourné ! [...] Oh, si j'étais un petit peu heureuse, tout cela ne serait pas si difficile à supporter[7] !

La guerre s'achève alors que la famille, après la mort d'Eduard, est retournée à Berlin. La mère de Josefine meurt en janvier 1919, lui laissant un héritage vite réduit à néant par les troubles inflationnistes de la nouvelle république de Weimar. C'est pourtant le début d'une période de bouillonnement d'avant-garde dans tous les domaines de l'art, qui s'épanouira jusqu'au moment de l'élection d'Adolf Hitler. Les mœurs aussi sont en pleine effervescence, et c'est sans doute une des raisons pour lesquelles Josefine décide d'envoyer sa turbulente fille cadette à Weimar.

Arrivée en octobre 1919 dans la ville de Goethe et de Schiller, Marlene va y rester deux ans, dans la pension d'une certaine Frau Arnoldi, où sa mère vient toutes les trois semaines lui laver les cheveux, note-t-elle avec insistance dans ses Mémoires, comme s'il s'agissait d'un acte rituel de contrition et de purification. Elle est inscrite à l'académie de musique, et prend des cours privés de violon avec un professeur suisse, Robert Reitz, lequel lui fera perdre sa virginité, sur un divan, assez sordidement, en la laissant de glace. Bien plus tard, ses récits détaillés de cette décevante défloration et d'autres aventures ou mésaventures à Weimar avec les deux sexes enchanteront, dit-on, la grivoiserie de son ami Billy Wilder, avec qui elle tourne *La Scandaleuse de Berlin* (1948). Toutefois, ce qu'elle note dans ses cahiers de l'époque concerne, non pas ses frasques, mais sa tristesse et son sentiment de solitude. Elle lit beaucoup, étudie Kant (« Ses lois étaient mes lois, je les savais par cœur [8] »), découvre Rilke avec émerveillement. Durant toute sa carrière, elle n'accordera jamais au cinéma la vénération que peut lui inspirer la littérature et, avant tout, la poésie allemande. De grandes tendresses, de fortes connivences la lieront à des écrivains : Erich Maria Remarque, Ernest Hemingway, Noël Coward, Jean Cocteau.

À Weimar, cependant, elle fait des rencontres brillantes, comme celle de la beauté viennoise Alma née Schindler, un moment maîtresse du compositeur Alexander von Zemlinsky et des peintres Gustav Klimt et Oskar Kokoschka, devenue, en 1911, veuve de Gustav Mahler, et en 1915 femme de l'architecte Walter Gropius, fondateur à Weimar de ce mouvement Bauhaus si déterminant pour tout l'urbanisme moderniste du XXe siècle. Celle qu'on retiendra surtout sous le nom d'Alma Mahler, qui était elle-même musicienne et qui finira ses jours à New York après s'être exilée à Hollywood avec son troisième mari, le poète juif Franz Werfel, est, paraît-il, frappée par la beauté des yeux d'une Marlene de dix-huit ans. On s'attarde bien entendu sur cette conjonction fortuite et sur cette remarque élogieuse, parce qu'il est séduisant d'imaginer un sentiment instinctif d'affinité avec la future complice du rêve d'un cinéaste, de la part d'une femme d'exception, muse liée par ses amours à des formes majeures de l'histoire artistique de son temps.

Josefine, néanmoins, devait redouter d'autres formes d'affinités, et les ragots couraient sûrement autour de la pension de Frau Arnoldi. Elle décide de ramener sa fille près d'elle, à Berlin, à l'automne 1921. Marlene y poursuit ses études de violon, avec un professeur privé dont, dans ses Mémoires, elle précise le nom (Carl Flesh), en se rappelant son supplice : « Bach, Bach, Bach, encore et toujours Bach. Huit heures d'exercices par jour[9]. » La conséquence est une inflammation d'un ligament de l'annulaire gauche, et l'abandon de toute idée de carrière de violoniste. Elle choisit de devenir actrice et s'inscrit à l'école dramatique de Max Reinhardt. C'est viser au plus haut, mais ce sont des sommets presque obligés, vers lesquels tout débutant lève les yeux dans le milieu théâtral du Berlin de l'époque.

Juif d'origine autrichienne, Max Reinhardt est depuis 1905 directeur du Deutsches Theater où, après la guerre, il pratique un art expressionniste et spectaculaire en développant toutes les techniques possibles de la mise en scène. Le nazisme le contraindra à s'exiler en 1933, à Hollywood, où il filmera une adaptation peu convaincante du *Songe d'une nuit d'été*, et rencontrera la star Marlene Dietrich, laquelle lui apprendra, à sa grande surprise et en présence d'un Sternberg incrédule, qu'elle a été son élève douze ans plus tôt à Berlin. Il ouvrira à Los Angeles une école de théâtre où Maria Sieber, emboîtant pour une brève période les premiers pas professionnels de sa célèbre mère, suivra des cours. Il mourra à New York en 1943, à l'âge de soixante-dix ans.

En 1922, à Berlin, Marlene passe effectivement une audition à l'école de Max Reinhardt. Elle dit un passage du *Fou et la Mort*, d'Hugo von Hofmannsthal et, épreuve obligée, un extrait de *Faust* : la prière de Marguerite. Elle précisera les titres dans ses Mémoires, avec le fait qu'on l'ait invitée à s'agenouiller sur un coussin pour réciter sa prière et qu'elle ait jugé cela ridicule. Sur cette séance, on trouve d'autres détails dans son *ABC*, à l'article « Stanislavski », Russe dont elle n'aime pas la méthode d'intériorisation, qui sera surtout appli-

quée par l'Actor's Studio, école américaine posté-
rieure à sa propre période de gloire à l'écran. « Les
idées que j'avais pu avoir sur l'importance de l'approche intérieure d'un rôle par un acteur se sont
évanouies quand Max Reinhardt, assis dans la
salle, m'a entendue dire la prière de Marguerite de
Faust. » Le maître, selon elle, lui aurait reproché :
« Vous ne m'avez pas fait pleurer. » Elle aurait pro-
testé : « Mais, professeur, j'ai pleuré ! » Et il lui
aurait déclaré : « Je me moque de vos émotions.
Votre rôle est de me faire pleurer, moi, le spectateur. Ce que vous sentez n'a pas la moindre
importance [10]. » Or Reinhardt était à Vienne à ce
moment-là et, de toute façon, il n'assistait jamais
aux auditions d'aspirants comédiens.

Cette information rectificative, dans un flot
impressionnant d'investigations globales, est donnée par le plus scrupuleux des documentalistes
parmi les biographes de Marlene Dietrich, Steven
Bach [11], lequel ajoute qu'elle ne fut finalement pas
admise aux cours. Il ne conteste cependant pas le
fait qu'elle ait récité du Hofmannsthal et du Goethe
et, en bon historien, il développe dans un style narratif, sur le ton d'un témoin auditif et visuel, la version que Marlene donne de l'incident du coussin.
C'est toute l'ambiguïté, ou la vanité, du genre biographique : on rétablit les faits, mais on admet les
témoignages, à quoi on ajoute ses propres appré-
ciations, en multipliant ainsi les optiques, ce qui
produit une image brouillée, dont on ne sait pas
trop où arrêter les échos et les reflets, puisque tous
peuvent entrer dans le portrait biographique,

comme du reste autobiographique. À l'inverse, il est tentant de se contenter d'une esquisse schématique ou d'un gribouillis évocateur, en sachant que le lecteur déjà acquis au captivant sujet apportera, de toute façon, lui-même son complément d'informations ou de rêveries.

Mais enfin, quoi qu'on fasse, il ne s'agit jamais que de porter un éclairage acceptable sur le visage complexe, mobile et réceptif d'une considérable réalité ; et, en dehors bien sûr de la lumière directement répandue par ce qu'il faut bien appeler l'œuvre de Marlene Dietrich, l'optique que propose Steven Bach est sans doute à ce jour, avec celle du gros bilan d'archives publié l'année suivante par Maria Riva, la plus utile et la plus instructive, parce qu'elle nous incite aussi à flairer, sous l'affectation d'objectivité historique, les erreurs ou les « broderies », quitte à les répéter ou à les imiter à notre tour. Cependant, en l'occurrence, après toute vérification faite par ses historiens, une vérité biographique, sinon factuelle, du moins psychique, subsiste évidemment dans les souvenirs péremptoires de Marlene concernant son audition à l'école de Reinhardt, et dans cette affirmation qu'elle fait de l'utilité de ne pas tenir compte de ses propres émotions, ou plutôt de les maîtriser et d'en jouer, afin de manipuler celles des autres — c'est un art qu'elle dira également admirer chez un autre homme de théâtre, Louis Jouvet, et que pour sa part, sans doute, elle n'exercera pas uniquement à la scène, ou à l'écran. Le sang-froid est nécessaire dans la vie pour affronter les brasiers affectifs comme pour les allumer.

Marlene n'est toutefois pas exclue du cercle du fameux metteur en scène. Sa beauté, paraît-il, est appréciée par le dramaturge Karl Vollmoeller, dont la pantomime *Le Miracle*, créée en 1911, a été l'objet d'une des plus spectaculaires réalisations de Reinhardt ; et sa voix, dit-on, est remarquée par Rosa Valetti, chanteuse de cabaret, qui la présente à un des administrateurs du Deutsches Theater, Felix Holländer, dont le neveu Friedrich sera comme Valetti retenu par Sternberg, sept ans plus tard, dans l'équipe de *L'Ange bleu*, pour y apporter la contribution déterminante de sa musique, Vollmoeller étant quant à lui choisi comme scénariste. Dix ans plus tard, Sternberg fera de nouveau appel à Vollmoeller comme coscénariste d'un de ses films hollywoodiens postérieurs à ses expériences orientées par Marlene, le seul qui possède d'un bout à l'autre la magie atteinte avec elle : *The Shanghai Gesture* (1941).

Le spectacle dans lequel Marlene, grâce à Vollmoeller et Valetti, trouve son premier rôle, et qui débute au Kammerspiele du Deutsches Theater en septembre 1922, a également un rapport avec *L'Ange bleu*, car c'est *Die Büchse der Pandora*, de Frank Wedekind. Cette *Boîte de Pandore*, qui avait été créée en 1902, est la deuxième partie de *Lulu*, dont Georg Wilhelm Pabst fera en 1929 un des derniers chefs-d'œuvre allemands du muet, préférant l'Américaine Louise Brooks, prêtée par la Paramount, à Marlene Dietrich, qui lui était proposée et qu'il jugeait trop mûre et trop visiblement aguichante — cela, quelques mois avant que Marlene ne contribue dans *L'Ange bleu*, par sa voix autant que par ses jambes, sur les chansons de Friedrich Holländer, au pouvoir de fascination de Lola Lola, ainsi nommée par Sternberg en référence concurrentielle à Brooks, Pabst et Wedekind.

En 1922, sur la scène du Kammerspiele, Marlene tient le petit rôle de Ludmilla Steinherz, Lulu étant incarnée par Friedel Harms. Et Pabst, en 1925, dans *Die freudlose Gasse* (*La Rue sans joie*), lance une actrice de dix-neuf ans dont le modelage hollywoodien par la MGM fixera pour Dietrich et la Paramount un critère auquel se mesurer : Greta Garbo. Certains ont affirmé reconnaître Marlene dans cette *Rue sans joie*, au milieu d'une file d'attente devant une boucherie par temps de restriction — séduits sans doute par l'idée qu'elle soit une figurante à peine distincte dans le film qui a imposé sa cadette de quatre ans. Mais il a été établi que ce n'était pas le cas, que la figurante était en fait une nommée Hertha von Walther, et qu'il n'existait décidément aucun film ayant réuni, même fortuitement et par anticipation, Dietrich et Garbo.

Bien sûr, il est toujours amusant de traquer les hasards et les coïncidences prémonitoires. Ainsi, dans le premier film qu'elle ait tourné, en 1922, *Der kleine Napoleon* (*Le Petit Napoléon*), fantaisie autour de Jérôme Bonaparte, roi de Westphalie, Marlene joue la femme de chambre d'un personnage incarné par une actrice homonyme, avec un autre prénom qui, mis à côté du nom devenu glorieux, rend leur association tout à fait obscure à nos yeux : Antonia Dietrich. Elle-même, dit-on, lorsqu'elle se voit pour la première fois à l'écran, se trouve l'air d'une « pomme de terre avec des cheveux[12] ». Avant 1930, elle paraît dans dix-sept films (tenant la plupart du temps des rôles secondaires comme par exemple celui de Chichotte de Gastoné dans *Prinzessin Olala*), et participe à vingt-cinq pièces ou revues de music-hall. Elle fait aussi son premier enregistrement, en 1928, avec Margo Lion. Par la suite, tout en rappelant de façon hypocrite et détournée l'aspect ostensiblement lesbien de leur duo sur scène, en précisant que les petits bouquets de violettes portés en broche qu'elle avait elle-même choisis étaient un signe de ralliement « androgyne », elle prétendra n'en avoir eu aucune conscience sur le moment, étant tellement jeune et tellement innocente. Sternberg écrira :

Apparemment, tout le monde à Berlin l'avait « découverte » avant que je n'arrive. [...] Elle avait le théâtre dans le sang, et elle en connaissait tous les parasites. [...] Elle était sujette à de sévères dépressions, compensées par des périodes d'incroyable vigueur. L'épuiser n'était pas possible ; c'était elle qui épuisait les autres, et avec des enthousiasmes que peu étaient capables de partager[13].

Rien en fait dans ces expériences préliminaires ne se perd ni ne s'égare ; chaque pas hésitant se raffermira sur une route cohérente, vers une signification globale. Si quelqu'un pourtant pouvait être crédité de la découverte de Marlene Dietrich, ce serait sans doute Wilhelm Dieterle, qui, en 1923, lui donne un rôle de paysanne ingénue, aux cheveux tressés, dans *Der Mensh am Wege* (*L'Homme au bord du chemin*), inspiré d'un conte de Tolstoï, et dont il est le metteur en scène, le scénariste et l'acteur principal. Dieterle sera appelé par Hollywood dans la même période que Marlene ; ayant changé son prénom en William, il la retrouvera en 1944, pour *Kismet*, après avoir dix ans plus tôt collaboré au *Songe d'une nuit d'été* de Reinhardt, puis tourné une trentaine de films américains.

Les tresses et les jupons de paysanne russe reparaissent en 1931 dans *Agent X 27*, où Sternberg montre aussi Marlene, entre autres déguisements, mascarades, travestis, accoutrements, dans une combinaison d'aviateur. Cette tenue de cuir avec casque et lunettes protectrices, elle la porte deux ans plus tôt, peu de mois avant d'être Lola Lola, dans *Das Schiff der verlorenen Menschen* (*Le Navire des hommes perdus*), dont elle est la vedette, sous la direction du Français Maurice Tourneur. *L'Ange bleu* même n'est pas le premier film qu'elle ait tourné avec Emil Jannings, lequel figure comme elle au générique de *Tragödie der Liebe* (*La Tragédie de l'amour*), sorti en 1923. Et son allure androgyne en frac masculin, si chargée d'impact érotique et railleur pour son lancement aux États-Unis, en 1930, n'est pas une nouveauté de *Morocco*. Elle l'exhibe dans les fêtes berlinoises, et une remarquable photo signée par Alfred Eisenstaedt, datée de 1928 par les répertoires, fixe son charme équivoque d'une façon si magistralement achevée qu'on peut l'imaginer déjà conçue par Sternberg, pourtant arrivé en Allemagne seulement en août 1929.

« Ich bin nichts ohne Dich. » Ce « Je ne suis rien sans toi », que Marlene déclare inlassablement à celui qui nie honnêtement l'avoir découverte, n'est sans doute ni plus ni moins ambigu que ne l'est, selon les interlocuteurs, la surenchère lucide de Sternberg lui-même déclarant que cette femme était peut-être un mythe pour d'autres, mais sûrement pas pour lui, que le mythe c'était lui, derrière la caméra, et qu'elle le savait mieux que quiconque ; ou encore son déni honnête et raisonnable : « Je ne l'ai pas dotée d'une personnalité autre que la sienne ; chacun voit ce qu'il a envie de voir, et je ne lui ai rien donné qu'elle n'eût déjà. Ce que j'ai fait, c'est mettre en valeur ses charmes pour les rendre visibles à tous ; toutefois, comme il y en avait pro- bablement trop, j'en ai dissimulé quelques-uns [14]. » Mais, par ailleurs : « Je dois cependant admettre que j'ai une certaine responsabilité dans l'image d'elle que donnent mes films. Je n'avais encore jamais vu de femme aussi belle qui soit aussi com- plètement dédaignée et sous-estimée [15]. » Cette façon de discerner immédiatement en elle, non seulement un « potentiel », mais surtout la conscience hau- taine d'être inexploitée, la rattache en quelque sorte, sous ce regard, et dans cette position, à la définition que Baudelaire donnait du dandy : « Un Hercule sans emploi. »

Dans ses propres souvenirs parus dix ans après la mort de « Jo », Marlene renchérit et le contredit en même temps sur leur collaboration, quand elle déclare :

> Il m'a créée. Ce miracle ne s'est répété selon moi que lorsque Luchino Visconti a fait tourner Helmut Berger. C'est l'œil placé derrière la caméra qui, aimant la créature dont l'image impressionne la pellicule, est à l'origine de l'effet prodigieux produit par cette créature [16].

Si Dietrich, depuis longtemps admiratrice de Visconti lorsqu'elle écrit cela, a peut-être reconnu le renouvellement du « miracle », elle a sûrement savouré l'hommage délibéré : car c'est travesti en Lola de *L'Ange bleu* que Helmut Berger est introduit avec fracas, en 1969, dans *Les Damnés*, avant de s'imposer quatre ans plus tard, étonnamment métamorphosé en Louis II de Bavière — miracle de modelage d'acteur, en effet, qu'aucun autre que Visconti n'a pu opérer sur celui qui s'était surtout imposé dans la vie privée du maître italien. La différence décisive est que, ce genre de miracle, la vraie incarnatrice de Lola a su ensuite l'entretenir sans Sternberg, devenant elle-même tout à la fois la créature et l'œil amoureux qui en crée l'aspect prodigieux.

« Être sous-estimé » est sans doute un tourment intime que Sternberg éprouvait personnellement et qu'il projetait sur Marlene : complexe d'infériorité consubstantiel à son aspect jumeau, le complexe de supériorité, et dont les sous-produits périlleux risquent d'être la paranoïa et la mégalomanie, ou manie de persécution et folie des grandeurs. Cependant, on se tromperait en concluant que le complexe est ici le germe du génie. Le génie est, dans l'œuvre, l'élément générateur qui, avec l'intelligence, elle-même donnée primordiale, sait tirer profit des matériaux psychiques fortuits, comme les complexes. Toutes choses étant, le sentiment d'être sous-employée hantait sûrement Dietrich avant *L'Ange bleu*; et par conséquent sa déclaration de reconnaissance, avec une inlassable humilité dont l'authenticité semble évidemment bien douteuse, prend un sens véridique si on la rétablit dans une formulation résolument orgueilleuse : « Toi seul sais montrer ma valeur. »

Ce qui est sous-évalué en elle durant son long apprentissage berlinois, ce n'est pas exactement la beauté, qui du reste sera techniquement l'affaire des studios hollywoodiens, plus que de Sternberg lui-même. Non, ce qui est négligé en elle, c'est la force vitale. Dans plusieurs de ses apparitions antérieures, la beauté de Marlene, semble-t-il, celle des yeux surtout, est reconnaissable et visiblement reconnue. Or ce qui est très déconcertant dans l'image qu'on donne alors d'elle, c'est-à-dire dans la façon dont on la considère, et qui peut produire un aspect curieusement lourd et terne, c'est quelque chose d'inanimé — sans doute un manque, une absence ou un malaise, qui la fait paraître apathique, amorphe, soit timide ou timorée, soit méfiante ou réticente, bref, empotée. Dans *Ich küsse Ihre Hand, Madame* (*Je vous baise la main, Madame*, 1928), comédie mondaine à quiproquo guère plus inepte ni moins divertissante que ne le seront les vaudevilles américains d'Ernst Lubitsch, et en particulier *Angel* (1937), les regards lumineux de sa vedette féminine, la douce, élégante et dodue Marlene, quoique calculés pour paraître langoureux, laissent ses traits aussi obstinément inertes que l'est sa main tendue pour recevoir les baisers qu'y pose le très guindé Harry Liedtke.

Sternberg ne doutera pas un instant des raisons de cette apparence d'inertie, lui qui écrira : « Le photographe est responsable de son interprétation du visage, aussi bien que de toute chose humaine. S'il n'en exalte pas la dignité profonde, il se doit, au moins, d'en dissimuler la stupidité et la frivolité, même s'il est tout à fait possible que rien d'humain ne soit ni stupide ni frivole et n'apparaisse comme tel que parce que le sujet est mal à l'aise, n'ayant pas trouvé le coin de l'univers où il se sentirait bien[17]. » Ces considérations bien sûr, pour ce qui est du cinéma, mouvement autant que lumière, s'appliquent aussi exactement à son souci de respecter et restituer la dignité de la gestuelle humaine. Et il s'agit, non pas uniquement de dégager les formes extérieures d'une noblesse, d'une vitalité ou d'une beauté naturelles, mais surtout d'atteindre leur sens profond, en un certain point de concentration de circonstances créées ou fortuites, choisies ou subies, là justement où se prouve, en un instant de transcendance échappant au flux narratif, la maîtrise du génie.

Le film qui, le premier, la met à l'affiche avec Emil Jannings est d'une certaine manière tout aussi décisif que *L'Ange bleu* dans la carrière et la vie de

Marlene Dietrich. L'assistant de production chargé de choisir des figurantes pour *Tragödie der Liebe* s'appelle Rudolf Sieber. Il est né en Bohême, à Aussig, le 20 février 1897. Il est alors fiancé à Eva May, fille de Joe et Mia May, respectivement metteur en scène et vedette du film. Lorsque, en automne 1922, Marlene se présente pour être engagée, et que « Rudi » la remarque, elle tombe aussitôt « follement amoureuse » de lui, déclarera-t-elle dans ses Mémoires, en précisant : « Et je devais le rester longtemps. [...] Il était beau, blond, grand, brillant... tout ce qu'une jeune fille peut désirer. [...] Il était gentil, il était doux, il me donnait le sentiment que je pouvais lui faire confiance, et ce sentiment demeura intact pendant toutes les années de notre mariage. Notre confiance fut réciproque et totale[18]. » Les commentaires de Dietrich retirée du monde seront d'une autre nature, dans l'interview qu'elle donnera en 1982 à Maximilian Schell. Quoi qu'il en soit, ce mariage, qui ne verra son terme qu'en 1976, avec la mort de Rudi, est célébré le 17 mai 1923, Josefine ayant exigé de sa fille et de son futur gendre un délai probatoire. Le couple s'installe dans Nassauische Straße, le travail de Rudolf l'entraîne souvent hors de Berlin, Marlene enchaîne les petits rôles au cinéma comme au théâtre. Puis : « Je fus bientôt enceinte, ainsi que je l'avais voulu[19]. » Le 13 décembre 1924, elle donne naissance à Maria Elisabeth, surnommée Heidede, qui restera son seul enfant.

De l'extérieur, on ne saurait juger des accomplissements d'un mariage, pour la raison qu'un mariage, dans le sens psychique du terme, est une complicité qui prime sur toutes les autres et qui ne se communique pas. Nous pouvons aisément disserter sur la fusion extraordinaire de Marlene et de Sternberg, parce que le but comme le résultat de cette fusion est justement mise en scène, transmutation, exhibition et communication : « Dans chaque histoire, il y a non seulement deux faces, mais près d'un millier de facettes, et bien des chances pour qu'aucune ne soit complètement digne de foi. Celle qui concerne ma relation avec Frau Dietrich a été racontée jadis par la caméra en sept films, et je ne m'étonnerais pas qu'elle soit la moins crédible de toutes [20] », écrit le cinéaste, nous laissant ainsi libres d'imaginer que nos commentaires aigres ou émerveillés sur ces sept films en donneront une version plus véridique. Cependant, la complicité, non pas dans la création artistique, mais dans le choix quotidien et amoureux, est au fond de nature criminelle, dans la mesure où elle s'affirme au détriment d'autrui ; c'est une intimité qui sacrifie les autres, quand les autres veulent s'immiscer — mais, plus gravement encore : c'est une connivence qui a constitutivement besoin d'un agneau du sacrifice, afin d'exorciser les démons internes de la rupture et de la trahison.

Marlene, pour ce que nous en ont appris les documents divulgués par sa fille, soumettait à Rudi les lettres qu'elle recevait de ses amants ou de ses maîtresses. Elle lui envoyait aussi des copies des lettres qu'elle leur écrivait. D'un autre côté, les amants jaloux étaient rabroués dès qu'ils tentaient une mise en cause du lien avec Rudi... Quel rapport avec toi ? C'est mon mari !... Quant à l'agneau du sacrifice, ce fut une jeune danseuse d'origine russe, Tamara (Nikolaïevna) Matul, qui devint la maîtresse de Rudi après la naissance de Maria, c'est-à-dire après que Marlene eut décidé de cesser tout rapport sexuel avec son mari, ce qui est une méthode intelligente pour pérenniser une fusion psychique, l'orgasme étant évidemment un phénomène plus caduc que la frustration. Le sacrifice de « Tami » est sans doute opéré sur l'autel conjugal de Marlene et Rudi, mais un sacrifice plus large encore — sacrifice de Sternberg, comme de Rudi, et, en un certain sens, de Marlene elle-même — est exigé par un autre autel : l'autel où se célèbre la gloire intemporelle de Marlene Dietrich.

À l'époque du tournage de *Tragödie der Liebe*, Marlene est le soir sur scène, pour de brèves apparitions parfois enchaînées d'un théâtre à l'autre : dans *La Boîte de Pandore*, puis dans *La Mégère apprivoisée*, où elle est la veuve amoureuse d'Hortensio, tandis que Katherine est jouée par Elisabeth Bergner, laquelle sera douze ans plus tard sa concurrente en incarnant au même moment qu'elle une autre Catherine, impératrice de Russie, dans un film anglais d'Alexander Korda, *Catherine the Great*, sortant trois mois seulement avant *The Scarlet Empress* (*L'Impératrice rouge*). Marlene d'ailleurs avait été naguère associée à Korda, ayant joué dans un de ses films berlinois, *Eine Du Barry von heute* (*Une Du Barry moderne*), datant de 1926. Sur scène donc, elle se multiplie plus encore qu'à l'écran, ne s'interrompant que quelques mois autour de la naissance de Maria. Elle participe d'abord, durant cinq ans, à des spectacles somme toute intellectuels : pièces modernes — Somerset Maugham, Bernard Shaw —, ou grands classiques. Elle est capitaine des Amazones dans la *Penthésilée* de Heinrich von Kleist, et Hippolyta, une autre Amazone, dans *Le Songe d'une nuit d'été*. Elle est Ilse dans *L'Éveil du printemps* de Frank Wedekind, et Toinette dans *Le Malade imaginaire*. L'été 1927, elle part pour Vienne, où elle reste six mois. Elle est de la distribution de trois revues de music-hall, tourne comme vedette un film, *Cafe Elektric*, en ayant sans doute une liaison avec son partenaire, Willi Forst. Resté à Berlin dans l'appartement conjugal, Rudi y installe Tami, qui dès lors devient la compagne de sa vie et, en la circonstance, une mère de substitution pour Maria.

Une fois de retour, Marlene continue d'alterner films, pièces et revues, parmi lesquelles, à l'automne 1928, *Es liegt in der Luft* (*C'est dans l'air*) — là où elle chante avec Margo Lion, un bouquet de violettes sur le corsage, un duo « androgyne ». Le 5 septembre 1929 a lieu la première de *Zwei Krawatten* (*Deux cravates*), revue de Georg Kaiser sur une musique de Mischa Spoliansky (déjà compositeur de *C'est dans l'air*), dont, selon l'affiche, elle est la vedette, même si elle écrira par la suite qu'elle n'y avait qu'une réplique. C'est en tout cas son dernier spectacle sur scène avant longtemps. Car Josef von Sternberg est dans la salle. Il est venu parce que, dans cette « bouffonnerie » (selon ses propres termes), figurent deux acteurs, Hans Albers et Rosa Valetti, qui sont déjà engagés pour le film dont on lui a confié la réalisation. C'est ainsi qu'il voit pour la première fois Marlene Dietrich « *in the flesh* », en chair et en os (on lui avait soumis des photographies, qui ne l'avaient pas convaincu). Le 4 novembre, le tournage de *Der blaue Engel* commence.

Tâchons maintenant de retracer brièvement l'autre chemin, parti d'un peu plus loin dans le temps, et dont le parcours déjà prestigieux à Hollywood conduit à cette conjonction extraordinaire.

Josef von Sternberg

Jonas Sternberg naît le 29 mai 1894, à Vienne, fils naturel de Moses et de Serafin, née Singer. Serafin avait été, dit-on, une enfant de la balle, danseuse sur corde dans un cirque. C'est en opposition avec sa propre famille que Moses l'épouse, après la naissance de « Jo ».

« Mon père, homme exceptionnellement robuste, usait souvent de sa force contre moi[1] », se souviendra, dans ses Mémoires parus en 1965 (*Fun in a Chinese Laundry*, qu'on pourrait traduire par « Farce dans une blanchisserie chinoise », titre d'un film de Thomas Edison datant de 1901, repris ici en raillerie à l'égard de tout Hollywood) celui qui devint Josef von Sternberg. « Il est possible que mon père, aveuglé par la colère, ne se soit pas rendu compte de ce qu'il faisait. Peu d'entre nous sont capables de conscience dans ces moments-là. J'étais roué de coups jusqu'à gémir comme un chien. Après chaque correction, la main qui venait de me châtier se tendait pour que je la baise, dans le plus pur respect des traditions[2]. »

Les germes du sadomasochisme étant ainsi plantés, mais également les données du génie, le geste ultime d'allégeance humiliante peut être considéré comme un baiser de juste gratitude pour la prise de conscience ainsi octroyée. Car cet enfant qui se recroqueville tôt sous les coups paternels se trouve soudain singularisé au cœur de la réalité hostile, et il la regarde en train de se définir elle-même dans sa totalité et relativement à lui seul. Or c'est aussi la position de l'autodidacte, pour qui l'adhésion à une forme culturelle, face à laquelle il est d'abord étranger puisqu'on ne l'y a pas collectivement introduit et intégré, est d'autant plus puissante et créative qu'elle s'affirme toujours par une brusque prise de conscience de sa propre altérité. Le temps est suspendu en des instants de souffrance et de révélation, de stupeur et de certitude, d'épiphanie et de fascination, d'oubli et de génération, sur lesquels se fondent et s'organisent le monde et l'œuvre. Marlene y contribuera au moins autant qu'elle en profitera.

Sternberg avouera cependant avoir eu du mal à reconnaître qu'il y ait eu dans les brutalités de son père un lien avec son génie : « J'en ai fait mention car ces épisodes ont trait à une observation que me fit un spécialiste du comportement humain à l'examen de qui je soumis plus tard mon esprit. Comme il voulait savoir d'où me venaient mes talents, je lui rétorquai, non sans impatience, que cela n'avait aucun rapport avec notre discussion, que je n'étais pas curieux à cet égard et n'y avais jamais songé. Il me cria, et ce fut la seule fois où il éleva la voix, que mon père me les avait inculqués en me battant[3]. » Mais si le trauma, tôt dans la vie, peut éventuellement être générateur de génie, inversement le génie, dans l'œuvre consécutive, est, selon notre optique, répétons-le, l'élément primordial et indépendant auquel se soumettent les traumas.

Quoi qu'il en soit des préséances psychiques, le regard de l'enfant est très tôt suraiguisé, mais sa sensibilité reste pour longtemps captive d'un blocage affectif d'autoprotection qui est d'abord nécessaire, et donc consubstantiel, au premier épanouissement de ce don d'acuité visuelle. Sternberg évoquera de la manière suivante ses errances new-yorkaises d'adolescent pauvre et délaissé (et à l'âge, environ, où Marlene tissait la trame de ses propres émois dans les carnets offerts par tante Valli) : « Assez bizarrement, je revois sans peine chaque rue où j'ai marché, chaque pièce ou boutique où j'ai pénétré, et pas un visage n'a perdu ses contours, mais de la tapisserie de mes émotions, il ne reste pas un fil[4]. »

Et peu avant cela, alors qu'il était encore à Vienne, et qu'il n'avait pas sept ans : « J'étais laissé à moi-même, avec pas grand-chose sur le dos pour me tenir chaud en hiver et pas beaucoup à manger, sauf quand nous étions nourris par des amis de la famille. Ce qui se passait à l'intérieur de ce petit garçon, je l'ignore, mais son être extérieur se déplaçait dans un paradis pour enfants. Mon paradis était chaque recoin d'un grand parc d'attractions, qui n'eut plus jamais son pareil. Dans une autre phase de ma vie, une part des impressions qu'il produisit sur moi furent communiquées aux autres (*Le Calvaire de Lena X*, 1929) [5]. »

Ainsi, chaque parcelle émotive s'est sur-le-champ convertie, selon l'alchimie du blocage et de la sublimation, en intensité visuelle, non pour s'y dissoudre, mais pour s'y conserver. Car l'alchimie est réversible : l'intensité visuelle éprouvée par compensation, et remémorée à volonté, restituera sa réserve intacte d'émotions embaumées dans l'oubli, quand elle sera analogiquement retranscrite par la caméra.

La famille est donc très pauvre. Moses est parti en 1897 tenter sa chance aux États-Unis, laissant à Vienne Serafin enceinte de son troisième enfant, qui sera une fille, le deuxième, le cadet de Jo, étant un garçon. À l'âge de six ans, Jo entre dans une école hébraïque, et se trouve dans la classe « d'un effrayant monstre barbu, au regard perçant, qui nous apprenait à le craindre plus que Jéhovah. Le cours de religion était obligatoire, nous apprîmes à lire et à écrire l'hébreu, cette langue vieille de cinq mille ans, sans comprendre le sens d'un seul mot. [...] Ce maître d'école qui nous inocula ainsi l'amour d'une antique culture se nommait Antcherl, mais je l'ai fait figurer sous un autre nom dans un de mes films (*L'Ange bleu*, 1930) [6]. »

C'est d'anglais, toutefois, et non d'hébreu, que, dans *Der blaue Engel*, Emil Jannings est professeur, et il serait bien difficile de déceler dans le personnage d'« Unrat » le moindre arrière-fond de judaïsme ; à moins de considérer rétrospectivement, et par anticipation anachronique (le roman de

Heinrich Mann adapté pour le film date de 1905), que les élèves chahuteurs du malheureux Unrat sont délibérément présentés comme des hitlériens-nés, et que son humiliation finale sur la scène de *L'Ange bleu*, aux yeux de toute la ville où il se croyait naguère si respectable, est « une étude du sadisme », et « une modeste contribution aux séries de stratagèmes semblables, quoique plus ingénieux, appliqués par les nazis dans les camps de concentration [7] », selon le commentaire de Siegfried Kracauer dans son livre *De Caligari à Hitler* (1947), que Sternberg cite afin de le contester catégoriquement. Il faut en effet employer beaucoup d'artifices interprétatifs pour discerner à toute force un souci de son propre judaïsme dans l'œuvre de Josef von Sternberg.

Marlene, cependant, eut très précisément à s'en soucier dans la vie, et dans l'Histoire, en 1933, alors qu'elle faisait un séjour à Paris. Elle ne voulait plus être rattachée à une Allemagne devenue hitlérienne depuis le mois de mars. Mais elle était obligée d'obtenir auprès de l'ambassade la prolongation de son passeport allemand afin de pouvoir ensuite demander dans les règles la nationalité américaine. Elle fut alors approchée par l'ambassadeur, le baron Johannes von Welczek, qui lui proposa au nom du Chancelier Hitler de revenir tourner en Allemagne comme vedette *glamour* officielle du futur Reich (fonction finalement tenue par Zarah Leander, Suédoise germanisée dont les atouts, en présence, en beauté, et en voix, furent combinés en une sorte de composé nazi de Dietrich et de Garbo).

La façon cinglante que Marlene eut de refuser embarrassa irrémédiablement ses interlocuteurs en les mettant en face d'une conséquence particulière de leur antisémitisme : elle exigea, d'un ton courtois (précise-t-elle dans ses Mémoires), et comme condition exclusive, que ce soit sous la direction de Sternberg. « Suivit un silence glacial, puis je lançai : "Dois-je comprendre que vous refusez que Mr von Sternberg tourne un film dans votre pays parce qu'il est juif ?" Brusquement, ils s'agitèrent tous, se mirent à parler en même temps : "Vous avez été contaminée par la propagande américaine. Il n'y a absolument aucun antisémitisme en Allemagne" [8]. »

Il est vrai que, dans la même période, Goebbels fait le même genre de proposition à Fritz Lang, quoique son dernier film, *Le Testament du docteur Mabuse*, vienne d'être interdit par les nazis, comme l'est *L'Ange bleu*. Aussitôt, Lang quitte Berlin, d'abord pour la France (où il tourne *Liliom*), ensuite pour Hollywood, où il travaillera jusqu'en 1956. Le fait qu'il soit juif n'est sans doute pas la seule raison de son refus. Telle, en tout cas, était la perversion du système de la haine envieuse. Le diable a sa propre logique.

Dans son *ABC*, à l'article « Juifs », Marlene Dietrich écrit : « Je n'essaierai pas d'expliquer le lien mystique, plus fort que le sang, qui m'attache à eux [9]. »

En 1901, Moses Sternberg fait venir à New York Serafin et ses trois enfants. Jo se souviendra, ou plutôt ne se souviendra pas : « Les trois ans que je passai là-bas ont laissé un blanc absolu dans ma mémoire[10]. » Trois ans plus tard, à l'âge de dix ans donc, il retourne à Vienne avec sa famille augmentée d'une petite sœur et d'un petit frère. Mais, peu de temps après, le père repart seul pour les États-Unis. De nouveau laissé à lui-même, Jo, à l'approche de la puberté, éprouve des émerveillements qui ne sont plus uniquement visuels. Par un bel été, se baignant dans le Danube : « Je tombai un jour sur une volée de demoiselles dans le plus simple appareil. En un éclair, les jolies nymphes se transformèrent en furies et, dans le rude patois dont les Viennois ont enrichi la langue allemande, lancèrent à l'intrus, dévêtu lui aussi, une bordée d'expressions choisies qui le firent rentrer à toutes jambes dans les eaux du Vieux Danube, afin d'y cacher son voyant embarras[11]. » Cet épisode de découverte, de désir, de trouble, d'humiliation et de frustration se retrouvera, rectifié en maîtrise de soi, et « glamourisé », dans la scène d'ouverture de *Blonde Venus* (1932).

C'est ici la source de la deuxième capacité visuelle de Josef von Sternberg : son pouvoir d'érotiser par l'effet de son regard tout ce qui environne l'objet de son désir. Or, la frustration admise, consentie et cultivée, est peut-être le point exact où le désir prend sa plus grande intensité érotique. Seulement, il faut trouver une créature qui, sous le regard frustré et amoureux, puisse s'épanouir au lieu de se rétracter, se métamorphoser en idole consciente et reconnaissante, et non pas en furie obtuse et injurieuse. Pour parvenir et se maintenir au point le plus intense de cette magie du style, Marlene Dietrich sera donc la complice, la comparse, la collaboratrice idéale, en étant révélée par *L'Ange bleu* à son propre pouvoir érotique, ou plus exactement à sa capacité d'irradier visuellement ce pouvoir. Mais la formule personnelle d'effacement de soi pour rendre magique l'objet du regard s'est révélée très tôt à Sternberg (à peu près à l'époque où, à Berlin, une photographie apprêtée fixait les ravissants traits enfantins de « Lena »). Voici comment il évoque cette nouvelle prise de conscience :

« Ces tendres années furent marquées, vers les quatorze ans, par un plongeon à corps perdu dans un amour adolescent. Les filles viennoises avaient alors un port des plus gracieux, une fière allure qui n'existe plus, et celle que j'avais choisi d'aimer pour toujours était la reine de toutes. Elle avait de longues nattes sautillantes, le corps souple et prometteur, et le moindre mouvement qu'elle faisait semblait magique ; le moule où elle avait été formée n'avait servi qu'une seule fois. Elle condescendait à ce que je l'adore et, en retour, s'adorait elle-même. Jamais je n'ai osé toucher cette vision fragile, de peur qu'elle ne fonde entre mes doigts. Mais un de mes amis, plus terre à terre et dénué de telles craintes, se chargea de clore le chapitre le jour où je les surpris étroitement enlacés[12]. »

Traduit en fonction de l'avenir avec Marlene, cela signifie que Sternberg lui a montré comment adorer, avec distance, la créature qu'il a révélée en elle, mais que c'était pour lui-même un acte destructeur que de voir cette créature livrée à un autre regard que le sien.

En 1908, Jo repart pour l'Amérique avec sa famille : « Jusqu'à quinze ans, j'hibernai dans une école secondaire de Long Island où je ne fis rien, sinon me battre avec la langue anglaise. Et puis, il fallut que je trouve du travail, car nous n'avions pas grand-chose à manger à la maison [13]. » Il trouve un emploi dans une boutique de modiste : « Après quelques semaines, les différences entre la dentelle de Venise et le point de rose, les dentelles d'Alençon, de Chantilly, Valenciennes, Bruxelles et le point suisse n'eurent plus de secret pour moi. Mais rendons justice à mon ancien employeur : il me semble que l'usage que je fais dans mes films de filets de pêche grossiers pour dissimuler certains acteurs pourrait être une réminiscence de ces connaissances péniblement acquises [14]. » Cette dernière remarque est une raillerie à l'égard des acteurs et des actrices dont la banalité nécessite d'être avantageusement masquée, mais également envers les commentateurs qui expliquent l'œuvre par la vie. Cependant le fétichisme aussi est un apprentissage, et peu de dentelles et de voilettes savent captiver le regard comme le font celles qui enveloppent Dietrich dans *Shanghai Express* (1932) et *The Devil Is a Woman* (*La Femme et le Pantin*, 1935).

Fuyant les brutalités de Moses, Serafin quitte le domicile conjugal : « Elle n'avait guère le choix : elle était douce, sans aucun talent pour dompter un lion [15]. » Sans travail régulier, Jo erre dans New

York, passant de nombreuses nuits sur des bancs, à la belle étoile et, une fois, « dans un asile de nuit du Bowery ; il réapparaît dans un de mes films (*Blonde Venus*, 1932). On ne pouvait alors pas dormir dans les salles de cinéma, car elles n'étaient pas ouvertes en permanence. Il est amusant de mentionner que c'est à cause du succès d'un autre de mes films (*Les Nuits de Chicago*, 1927) qu'une salle dut laisser ses portes ouvertes toute la nuit, pour la première fois de l'histoire du cinéma [16] ».

Il a maintenant dix-sept ans. Un après-midi, alors qu'il traîne à Brooklyn dans Prospect Park, « parfaitement indifférent à mon destin et aussi paisible que jamais [17] », un violent orage éclate. Il se réfugie sous un pont où il est bientôt rejoint par deux filles effrayées. La pluie cessant, il escorte ses nouvelles compagnes jusqu'au domicile voisin d'un de leurs amis. Le garçon qui les accueille sympathise avec Jo et le fait descendre dans la cave pour lui montrer une invention de son père, quelque chose qui « s'étendait d'un mur à l'autre et tournait, grinçait, grondait. Au-dessus, à travers, autour, au-dedans et au-dehors de la chose, on voyait s'enrouler comme un ver sans fin une longue bande de Celluloïd, perforée sur les côtés [18] ». Le garçon explique que c'est une machine à nettoyer les pellicules de films et à les enduire d'une couche élastique et protectrice. Peu après, Jo rencontre le père, qui l'engage comme assistant et comme livreur. Il occupera cette fonction durant plusieurs mois. « La foudre qui était tombée du ciel avait dû être lancée par un responsable du département du cinéma au-dessus des nuages. [...] J'étais parvenu à destination. [...] Il était inévitable que, tôt ou tard, je ne me contente plus de regarder la surface sale du film, mais aussi son contenu [19]. » Et, un peu plus loin toujours dans ses Mémoires : « Bien avant d'être metteur en scène, j'ai regardé les films comme un chirurgien qui observe un autre en train de pratiquer une opération. Bons ou mauvais, tous les films m'ont appris quelque chose, mais ils m'ont surtout appris comment il fallait ne pas faire [20]. »

Sa première promotion est d'être nommé à la tête du service de réparation des films d'une société de production, la World Film Corporation. Il accède progressivement aux fonctions de monteur, scénariste, assistant-réalisateur et finalement conseiller personnel du directeur, William A. Brady. En 1917, quand les États-Unis s'engagent dans le conflit européen, Josef Sternberg (il a changé de prénom) est affecté au quartier général de Washington, où il participe à la réalisation de films de propagande et d'instruction des troupes. Après l'Armistice, il poursuit son travail d'assistant à New York, en Angleterre et à Hollywood. « Certains de ceux auprès de qui je tenais la fonction douteuse d'assistant ne furent pas inutiles pour moi, car ils prouvaient qu'aucune compétence particulière n'était requise pour être metteur en scène, et cela m'encouragea à ne pas me montrer timide quand se présenterait l'occasion de tourner à ma façon [21]. »

Le sarcasme en forme de boutade épargne cependant un réalisateur d'origine française, Émile

Chautard, que Sternberg assiste en 1919 pour le tournage d'une adaptation du *Mystère de la chambre jaune*. « Chautard était un homme exceptionnel, studieux et cultivé. Avant de devenir réalisateur, il avait été partenaire de Sarah Bernhardt, et sa seule manie était de s'entourer constamment d'acteurs français en visite qui mettaient tous un point d'honneur à ressembler au maréchal Foch. [...] Il m'enseigna avec application les rudiments de son art, n'hésitant pas à prendre la plume pour m'expliquer ses méthodes (dont je n'ai rien oublié), et, qui plus est, me permettant de diriger quelques prises de vues quand un sosie du maréchal Foch venait l'importuner [22]. » Chautard fera des apparitions dans *Morocco*, *Blonde Venus* et *Shanghai Express*, où son personnage d'officier en disgrâce, essuyant une larme au coin de l'œil, exprime sa gratitude émue, en un français net et articulé : « Mademoiselle a été très bonne pour moi [23] », tandis que Dietrich, dans la même langue, mais avec une diction beaucoup plus traînante et floue, proteste : « Oh, il exagère, je n'ai pas fait grand-chose [24] » — protestation courtoise qui aurait pu être, imaginons-nous, celle de Chautard lui-même devant les expressions de reconnaissance de son ancien assistant.

Sternberg sans doute n'en conçut pas, comme Marlene petite fille en face de Marguerite Breguand, « un amour passionné pour la France [25] ». Les prestations de Chautard dans ses films représentent le Français attentif, émotif, agité, assez comique et plutôt collant. La culture, la finesse, l'ouverture d'esprit, l'aisance de comportement, la générosité, la lucidité et le respect d'autrui, sont attribués à un autre personnage français de *Morocco*, La Bessière, incarné par Adolphe Menjou, figure « positive » des sentiments de Sternberg envers sa « *leading lady* », et le premier de la liste à traduire par procuration l'ambiguïté de ses rapports passionnels avec Dietrich — ambiguïté que l'honnêteté intellectuelle et la crudité françaises d'un roman de Pierre Louÿs (*La Femme et le Pantin*) lui permettra de transcrire cinq ans plus tard, avec le plus ressemblant de ses doubles (Lionel Atwill), dans un film d'adieu suicidaire, cruel et éblouissant.

Toutefois, en fin de carrière, Josef von Sternberg fut en quelque sorte rappelé à la force de son affinité avec les Français, à l'occasion de la sortie, en 1953, de son ultime chef-d'œuvre. Exercice formel d'une beauté irréelle, *The Saga of Anatahan*, s'inspirant d'une anecdote très réelle, raconte la folie, sur une île du Pacifique, d'un groupe de soldats japonais qui, ignorant la fin de la guerre, maintiennent une absurde discipline militaire, et s'entretuent à cause d'une femme, « la seule femme sur terre », avec laquelle un homme vivait isolé de tout avant leur arrivée. Mais c'est aussi une allégorie profondément intime : cet être taciturne et farouche (Tadashi Suganuma), vivant une folie solitaire avec une femme éloignée des hommes (Akemi Negishi), mais qui bientôt passe de main en main sous ses yeux, avant qu'il ne soit tué, est évidemment une figure du cinéaste en face de sa créature d'abord rêvée, puis incarnée par Dietrich dans la folie collective de tout Hollywood, univers clos, coupé du reste du monde.

Sternberg dans ses Mémoires ne précise bien entendu rien de ce que suggère son film en ce sens ; il s'en tient au récit des conditions de tournage, dans un hangar, à Kyôto, sans vedettes, du moins de cinéma, mais avec des acteurs de kabuki, et dans des conditions de production strictement indépendantes ; il commente son traitement narratif d'un événement historique peu glorieux, et il conclut : « Au Japon, *Anatahan* fut en général fort mal accueilli. [...] Aux États-Unis, le film fut diffusé à peine dans une douzaine de salles, sans grand succès. En Angleterre, on substitua à mon commentaire une récitation laborieuse d'écolier japonais ; le film estropié, son sens perverti, on maintint quand même mon nom, pour me laisser tout l'honneur de cette ineptie. Dans la plupart des autres pays, on ne le montra pas. À Paris, il fut fort bien reçu. C'est pourquoi, avant de conclure ce compte rendu de mes activités, j'en appelle à un critique français pour dire quelques mots en sa faveur [26]. » Et, pour justifier en dernier recours sa valeur et son talent, le cinéaste blessé de *L'Ange bleu* et de *L'Impératrice rouge* cite presque intégralement l'étude subtile et pénétrante, scrupuleuse et admirative que Philippe Demonsablon consacra à *Fièvre sur Anatahan* dans les *Cahiers du cinéma* d'avril 1956, étude qui se termine ainsi : « Telle m'apparaît *The Saga of Anatahan*, réalisant l'œuvre impossible à faire qu'Edgar Poe proposait d'appeler "Mon cœur mis à nu"; et il s'en faut de peu, en effet, que l'écran ne se déchire et ne prenne feu sous les fulgurations qu'y projette Sternberg et tirées, n'en doutons pas, du plus secret de lui-même. »

À la clairvoyance artistique des Français, et à leur respect à son égard, Sternberg doit une autre analyse encore d'*Anatahan*, et qui nous captive bien plus encore : car elle a été accomplie par lui-même, de sa voix lasse et modérée de grand cinéaste, sans doute désespéré, qui ne fait alors que se souvenir, et qui théorise (dans l'esprit de tout artiste la vraie théorie suit naturellement la pratique instinctive, de même que dans son œuvre l'idée est un sous-produit de l'image), le 24 octobre 1966, à Paris, dans les salons du Royal Monceau, devant la caméra d'André Sylvain Labarthe, pour la mémorable série des *Cinéastes de notre temps*. Toute l'interview est passionnante en raison de la foule de pistes qu'elle indique dans l'œuvre, et aussi dans *Fun in a Chinese Laundry*, paru un an plus tôt. C'est un trésor d'informations « subliminales », qui n'a à cet égard de comparable que le bout d'essai tourné avec Marlene pour la préparation de *L'Ange bleu*.

Toutefois, si la reconnaissance des Français convient évidemment à Sternberg (il cite aussi celle du fondateur de la cinémathèque, Henri Langlois), au milieu de leur convivialité intellectuelle, il n'aurait sûrement pas pu s'affirmer comme il l'a fait. C'est avec une ironie peut-être amère, mais solidement arrogante envers ses détracteurs, qu'il conclut qu'il a eu sans doute tort de s'en tenir fermement à ses convictions intimes, car : « *my career has not been successful* » — ce que le sous-titre traduit faussement par « ma carrière a été un échec », alors que la forme exacte, qui est négative, « ma carrière n'a pas eu de succès », relativise le jugement par rapport à l'optique hollywoodienne. « Échec » se dit *failure*, et signifie qu'on n'a pas atteint le but qu'on s'était proposé. Or, nuance pour nuance, « ratage » n'est visiblement pas ce qu'a laissé entendre Josef von Sternberg.

Évoquer ici *Anatahan*, comme écho de l'aventure avec Dietrich, est une façon d'insister par anticipation sur l'intégrité intime d'une aventure artistique hors norme, pour laquelle le système hollywoodien a été un moteur circonstanciel décisif, à la fois cohérent et paradoxal, concordant et antagoniste. Et si l'on veut considérer de quelle façon ce parcours de cinéaste a contribué à la formation d'une star, écoutons ce qu'en dit Marlene elle-même en une formule brève et révélatrice : « Von Sternberg me permit d'entrevoir les sombres chimères qu'abritait son esprit et dont je faisais désormais partie [27]. » Ces « sombres chimères », dont elle a tant appris justement en leur apportant son soutien absolu dans le *star-system* et en leur permettant ainsi de déployer encore plus librement leurs ailes, n'étaient sans doute pas tout à fait les mêmes avant qu'elle en fasse partie. Car, dans la carrière du cinéaste, leur premier envol (si l'on veut prolonger l'image) s'est effectué dans des conditions d'isolement comparables à celles de leur dernier, c'est-à-dire sans vedettes, et hors d'un système. Bref, le tout premier film de Josef von Sternberg, qui attira aussitôt l'attention sur lui, fut produit dans une indépendance totale qu'il ne retrouva qu'avec *Anatahan*. Ce fut, en 1925, *The Salvation Hunters*, *Les Chasseurs de salut*.

Josef est devenu « von » Sternberg l'année précédente, à l'occasion d'un film titré *By Divine Right*, dont il est l'assistant et au générique duquel le metteur en scène, Roy William Neill, et la vedette, Elliot Dexter, décident, ainsi en tout cas qu'il le raconte lui-même, d'ajouter une particule à son nom, sans qu'il soit consulté ni prévenu. Toutefois, même si son anoblissement de pacotille, qui lui fait usurper le patronyme ancestral des von Ungern-Sternberg, lui a été imposé à son insu, comment ne pas admettre la pertinence de cette sorte d'allégeance implicite à Erich von Stroheim ? Stroheim, son aîné de neuf ans, était comme lui né à Vienne, dans un modeste milieu juif, puis avait émigré aux États-Unis avant l'âge de vingt ans, ayant lui aussi fait toutes sortes de métiers, avant d'arriver en 1914 à Hollywood, où il s'inventa une ascendance aristocratique. En 1924, il est déjà célèbre pour avoir tourné une demi-douzaine de films, dont deux chefs-d'œuvre, *Foolish Wives* (*Folies de femmes*) et *Greed* (*Les Rapaces*). Et Sternberg, contredisant quelque peu ses propres affirmations selon lesquelles, bons ou mauvais, tous les films se valaient à ses yeux pour lui apprendre quelque chose, lui consacre un hommage appuyé : *Greed* « démontre avec force ce que peut être la direction d'acteurs, et aucun de ses interprètes n'a jamais atteint, que ce soit avant ou après ce film, une telle perfection. Von Stroheim dominait tout ce qui était dans le champ de la caméra, visible ou invisible; même l'air était chargé de l'électricité de sa vigueur créative[28]. »

N'est-ce pas là comme une évocation allégorique de sa propre méthode de direction d'acteurs et d'emploi de la lumière ? Dans ses *Mémoires*, parus en 1987, Leni Riefenstahl raconte comment elle a gagné la confiance de Sternberg, la première fois qu'elle a déjeuné avec lui, quelque temps avant le tournage de *L'Ange bleu*, auquel bientôt elle participera comme assistante. Il paraît indifférent ou même agacé devant son admiration, jusqu'au moment où elle lui déclare : « Votre technique de l'image crée une atmosphère si particulière qu'on a l'impression de palper l'air qui circule dans chaque pièce, ou qui s'immobilise[29]. » Alors il s'anime et la complimente d'être la première à lui dire cela.

Cependant, pour ce qui est de Stroheim, sa reconnaissance de « von » à « von » n'alla pas jusqu'au respect sacré. Le pragmatisme, pour ne pas dire l'opportunisme, dictait également ses règles. En 1927, Sternberg fut chargé par la Paramount de remonter, sous le titre de *The Honeymoon* (*Mariage de prince*), la deuxième partie d'un film que Stroheim avait conçu pour durer plus de quatre heures, *The Wedding March* (*Symphonie nuptiale*) : « J'acceptai, avec son accord. Il savait que je m'attelais à cette tâche ingrate pour lui rendre service et que sinon, on aurait demandé à quelqu'un de moins qualifié et de moins respectueux de son œuvre de raccourcir le film sans merci[30]. »

L'approbation paraît évidemment douteuse, mais l'affinité est certaine. Dans Stroheim on peut trouver des antécédents aux « sombres chimères » de sadomasochisme érotique hantant *L'Impératrice rouge* (1934), monument à Marlene, ou *The Shanghai Gesture* (1941), monument sans Marlene, même si d'autres scènes d'humiliation ont leur source également dans Murnau, seul autre grand aîné envers qui Sternberg se reconnaît une dette possible. Stroheim acteur s'était fait une réputation grâce à une formule : « L'homme que vous aimerez haïr. » Une anecdote, qu'on peut imaginer inspirée par la célébrité de ce slogan, circulait sur Sternberg. Assistant pour un film tourné au pays de Galles, alors qu'il se nommait encore seulement Jo Sternberg, il partageait une chambre avec Clive Brook, son futur acteur pour *Underworld* (*Les Nuits de Chicago*, 1927) et *Shanghai Express*. Un matin, se regardant dans un miroir, il aurait demandé à Brook comment il paraissait le plus horrible, avec ou sans moustache, et, devant la surprise de son compagnon, il aurait expliqué : « La seule façon de réussir est d'amener les gens à vous haïr. »

Si l'on prend au mot cette boutade rapportée et plus ou moins désobligeante pour la réputation de son auteur, on peut se demander : être haï, effrayer, repousser, pour « réussir », d'accord, mais pour réussir quoi ? Or, à cette question, on peut trouver une réponse indirecte, mais en somme décisive, dans l'éloge apparemment déconcertant que Sternberg fait des épouvantails. S'il avait de nouveau sept ans, écrit-il, et si on lui avait demandé ce qu'il voulait faire quand il serait grand, « sachant ce que je sais maintenant, je répondrais sans doute : un fabricant d'épouvantail [31] ». Et, plus loin : « Il est curieux qu'on n'ait presque rien écrit au sujet de l'épouvantail. Ce pittoresque et multiforme substitut de lui-même que l'homme érige au milieu d'un champ pour monter la garde auprès de ses cultures fait de chaque fermier un ingénieux metteur en scène. L'épouvantail n'est pas toujours cette grotesque caricature empaillée, vêtue de fripes et affublée d'un chapeau miteux, qui pend mollement pour effrayer les corbeaux. J'en sais qui ont pris bien des formes poétiques [32]. » Ensuite : « L'acteur est tout l'opposé de l'épouvantail : sa fonction est d'attirer [33]. » Et, naturellement, la meilleure façon de le faire, c'est d'être beau.

Oui, mais alors, si l'acteur est le contraire d'un épouvantail, en quoi l'usage de ce dernier peut-il faire de chaque fermier « un ingénieux metteur en scène » ? Eh bien, l'analogie tient en ce que le metteur en scène aussi a des récoltes à protéger : l'ensemble de tout ce que sa sensibilité a engrangé et qui se trouve exposé pour la composition de son œuvre ! Et sa méthode pour « réussir » ses récoltes est double : d'une part paraître haïssable afin de travailler en paix son champ ; d'autre part rendre fascinant « ce pittoresque et multiforme substitut de lui-même [34] », l'acteur placé au centre de ce champ afin que, attirant vers lui les regards prédateurs du public, il les détourne de la précieuse moisson. Bref, l'acteur n'est qu'en apparence le contraire d'un épouvantail, puisque sa fonction, au fond, est semblable ; et c'est à l'abri du plus séduisant des épouvantails que le cinéaste peut cultiver les plus intimes de ses trésors. Plus flagrante est l'exhibition, plus secrète est la semence. De ce point de vue, Marlene Dietrich, en étant mieux que quiconque « le contraire même », sera le meilleur des épouvantails veillant sur les récoltes de Josef von Sternberg, dans les champs de Hollywood si bien conçus pour de pareilles ambivalences.

Cependant l'éclat de l'acteur, ou de l'actrice, n'est pas le seul leurre, ou seul paravent, ou seul simulacre, qui garantisse la sécurité permettant l'exposition du véritable sujet, en certains instants transcendantaux. Il y a aussi les fausses pistes fertiles du récit, qui permettent d'inscrire le sens profond dans le secret d'un symbole ou d'une anamorphose, et il y a surtout la splendeur à la fois dissimulatrice et révélatrice de la photographie. « Notre but a été de photographier une Pensée », annonce un carton au début de *The Salvation Hunters*. Le ton est immédiatement donné, et la référence aux arts nobles est un défi arrogant : allusion aux formules les plus prestigieuses, comme « peindre la pensée », ou cette *cosa mentale* qu'est la peinture selon Léonard de Vinci. Sternberg se verra d'ailleurs très utilement et très publicitairement attribuer dans les années trente le slogan de « *the Leonardo of the lenses* », « le Léonard de l'objectif ». « J'aspirais au statut d'artiste dans une branche des arts où il n'est pas permis d'en être un[35] », écrira-t-il. Car : « Au cinéma le matériau est vivant et rétif, et crépitant d'émotions. [...] Que dire d'un peintre qui s'attaquerait à une toile composée d'un millier de fragments exigeant chacun un traitement particulier ? » Cependant : « L'art pourrait bien être une saine recherche de valeurs obscures, [...] ou une exploration méthodique du chaos, ou, dans le meilleur des cas, la compression d'un pouvoir spirituel infini dans un espace fini[36]. »

Mais dans ce cas, se dit-on, si l'obscurité des valeurs en jeu nécessite d'autant plus de vigueur et de santé dans la recherche, si le chaos de la réalité traitée exige d'autant plus de méthode dans l'exploration, et si les limites de la forme imposée conduisent à d'autant plus de compression des capacités spirituelles, peut-être les conditions techniques et commerciales d'un cinéma accidentellement codifié sont-elles singulièrement propices à un tempérament d'artiste à la fois introverti et pragmatique ? Si la création d'un poncif est le but suprême de l'art, alors le *star-system*, poussant à la fabrication de Dietrich, était bien un contexte favorable pour parvenir à ce but.

Le chaos accidentel qui a conduit à la méthode de *The Salvation Hunters* (méthode donc très nouvelle de film indépendant, tourné en extérieurs, et pour un budget de 4 255 dollars, tandis que le coût moyen d'une production à Hollywood se plaçait alors autour de 500 000 dollars), provient du culot d'un jeune acteur britannique, George K. Arthur, qui propose à « von » Sternberg le scénario d'un film dont il serait la vedette et qu'il pourrait financer. Jo refuse le scénario, pour le remplacer par un autre de son cru, mais il accepte le financement, auquel il devra substituer ses propres économies quand il découvrira, après les premiers jours de tournage, que le chéquier de « Kipps » (c'était le surnom de l'acteur) est sans provisions. « Je n'étais pas en colère contre lui car, tous comptes faits, c'est à cette supercherie que je dois mes débuts de metteur en scène [37]. » La « Pensée » que « photographie » ce premier film issu d'un coup de bluff, et qui montre un jeune homme, une jeune femme et un petit garçon luttant pour survivre, est formulée dans un carton final : « Ce n'est pas nos conditions, ni l'environnement, qui contrôlent nos vies : c'est notre foi [38]. »

Or une foi tenace, motrice et individuelle sera présente au cœur de tous les principaux personnages de Sternberg, et cela correspond bien par avance à la morale personnelle de Marlene Dietrich. Cette foi, cependant, évoluera en nature, et la confiance arrogante et juvénile se transformera en un désabusement puissant, et encore plus arrogant. Mais la puissance de l'individu sera toujours exactement déterminée par celle de l'environnement, le lien organique entre les deux étant traduit par un style visuel aussitôt trouvé et défini :

« Au lieu d'un éclairage plat, des ombres. Au lieu de masques en papier mâché, des visages en relief, mobiles et au regard profond. Au lieu d'un décor qui ne signifiait rien, un arrière-fond chargé d'une émotion qui se communiquerait au premier plan. Au lieu de personnages édulcorés, de sobres silhouettes bougeant en rythme[39]. » Et plus loin, dans un célèbre passage : « Monstrueusement agrandi sur l'écran, le visage doit être traité comme un paysage. Il faut le regarder comme si les yeux étaient des lacs, le nez une colline, la bouche un parterre de fleurs, le front un ciel, et les cheveux des nuages. Les valeurs doivent y être transfigurées comme dans un paysage réel en jouant sur la lumière et l'ombre, au moyen de trames et de filtres gradués, et par la maîtrise de tout ce qui l'environne[40]. » Et puis : « Pour filmer correctement un être humain, tout ce qui l'entoure doit absolument s'ajouter à lui, sinon cela ne fera rien d'autre que s'en soustraire[41]. »

En d'autres termes, ce qui détourne l'attention du spectateur contredit la magie de l'acteur, et ce qui ne s'intègre pas à l'aspect et au sens du visage humain risque de les désintégrer. Bref, tout était en place dès l'origine pour que cette morale individualiste et humaniste, visuellement transmuée dans des conditions hollywoodiennes, produise, en conséquences annexes, un visage et une gestuelle de star. Et ce n'est pas pour dénigrer l'apport de Marlene Dietrich que Sternberg en parlera comme d'une collaboratrice, la meilleure qu'il puisse souhaiter.

Par un autre coup de culot de « Kipps », *The Salvation Hunters* est montré à Charlie Chaplin qui cherche alors à rencontrer Sternberg et lui propose de diriger Edna Purviance dans un film qu'il financera. Le prétexte était la reconnaissance d'un talent nouveau et exceptionnel, la réalité était de se débarrasser d'Edna Purviance, qui avait été sa compagne et sa vedette dans une dizaine de films jusqu'à *L'Opinion publique* (*A Woman of Paris*, 1923, dont l'autre vedette était Adolphe Menjou), et qui sombrait dans l'alcoolisme. Une autre raison, peut-être la première de toutes, du vif intérêt de Chaplin pour *The Salvation Hunters* était l'actrice, Georgia Hale, jusqu'alors inconnue, et qu'il engagea aussitôt pour *La Ruée vers l'or*.

Dans ses Mémoires, Dietrich fait de Chaplin un éloge ambigu : « J'aimais son arrogance, sa vanité. Chez les hommes de son calibre, l'arrogance est une qualité. Pas chez une femme [42]. » Autrement dit, une femme de son propre « calibre » doit dissimuler sa vanité et ne pas user de l'arrogance pour exercer son pouvoir sur les autres.

Bref, en 1925, c'est à la faveur d'une double duperie, ruse d'un faible puis manipulation d'un fort, que Sternberg, sur un scénario qu'il écrit, tourne son premier film dans les conditions financières et techniques en usage : ce sera *The Seagull* (ou *A Woman of the Sea*), dont on ignore s'il n'en reste rien ou si un héritier de « Charlot » en possède une copie. Car, après une seule projection, « le film fut aussitôt relégué dans les coffres de Mr Chaplin pour n'en plus ressortir. [...] Même si cela m'a fait beaucoup de tort à l'époque, je ne n'ai pas tenu rigueur à Mr Chaplin d'avoir étouffé mon travail [43] ». Le débutant lésé préfère saluer la vivacité avec laquelle Hollywood sait aussitôt déceler un talent nouveau pour le détourner à son profit : « Il ne m'a pas fallu longtemps pour apprendre ceci :

si un escargot était susceptible de lui apporter une contribution valable, Hollywood le dénichait aussitôt, même s'il fallait le chercher dans les gravats d'une maison abandonnée[44]. » Sorti de sa coquille, Sternberg saura en retour faire valablement contribuer Hollywood à ses rêves intimes, à la faveur comme au risque de tous les malentendus : fécond jeu de dupes fatalement destiné à culminer avec l'ambition personnelle de Marlene, et qu'on pourrait appeler « qui perd gagne », s'il était possible, en l'occurrence, de distinguer clairement le perdant-gagnant du gagnant-perdant.

L'élément le plus important de notre art, dira Sternberg, est de rencontrer quelqu'un qui nous permette de l'exercer ; car il est aussi difficile et compliqué de monter la production d'un mauvais film que d'un bon. Lui aussi a pu se sentir « un Hercule sans emploi » quand, après avoir tourné *The Salvation Hunters* et *The Seagull* en toute liberté, il obtient un contrat à la MGM. Le premier film dont on le charge (*The Exquisite Sinner*) est entièrement refait et il abandonne, exaspéré, le plateau du film suivant (*The Masked Bride*). Pourtant, écrit-il, avec une ironie assassine : « J'aimais beaucoup mon patron (Louis B. Mayer). […] C'était, au moins en apparence, un homme charmant, simple et sincère, capable, d'un regard mouillé de larmes, de convaincre un éléphant qu'il était un kangourou. Il s'était montré gentil avec moi, en me consultant souvent, et il avait même suivi mon conseil d'importer Mauritz Stiller en lui demandant d'inclure Greta Garbo dans ses bagages. » Suit une description assassine du fonctionnement de la compagnie qui exploitera la magie de Garbo : « Tous les détails mineurs (la réalisation d'un film étant un détail mineur) » étaient confiés à un agrégat hybride de collaborateurs toujours plus nombreux, dont chacun « était soigneusement sélectionné après qu'on eut évalué ses mérites sur la base de sa capacité à être sincère ». Et ce n'aurait évidemment guère été judicieux de faire remarquer que « tous les ennemis de l'art, et de l'humanité, ont été piqués par le scorpion de la sincérité [45] ». L'amertume persiste, bien sûr, sous le joyeux sarcasme, et une consolation, voire une justification, est cherchée dans l'énumération de cinéastes « de talent » (Frank Capra, William Wellman, Frank Borzage, Mauritz Stiller, Victor Sjöström, Erich von Stroheim) qui, dans la même période, durent également quitter la MGM, sans doute la plus américaine de toutes les grandes *Majors,* si en effet on y clamait le très américain credo de la « sincérité », supplantant tout souci de vérité.

Toute ligne moralisatrice est nécessairement mensongère, puisqu'elle remplace la réalité par la bonne intention, et cela ne peut qu'être insupportable à tout artiste véridique. Il en va autrement des contraintes financières, tant qu'elles restent dans le domaine du concret et ne s'érigent pas en morale supérieure. Car alors il arrive qu'il y ait un accord d'intérêts de natures différentes mais complémentaires, et que le rêve de l'un trouve une connivence, donc un solide appui, dans le pragmatisme de l'autre. Au fond, c'est bien par son pragmatisme d'actrice que Dietrich a offert son soutien aux « chimères » de Sternberg. Et il n'est pas non plus impossible qu'un producteur pragmatique aime l'art et les choses de l'esprit, et qu'il éprouve le désir enthousiaste de contribuer à l'apparition des œuvres d'un cinéaste rêveur.

En tout cas, après son exclusion de la MGM, Sternberg se voit proposer par la Paramount un poste d'assistant d'un réalisateur de films de cow-boys : « Je ne vis pas d'autre manière de répondre à cette insulte délibérée que d'accepter sur-le-champ [46] », reconnaît-il. Au bout d'une semaine d'assistanat stérile, il est convoqué par le chef de production, Ben P. Schulberg, qui se dit honteux d'avoir conspiré à l'humilier, et lui demande s'il peut, en refaisant le montage et les intertitres, sauver un film qui vient d'être achevé et qui est raté. Le film s'intitule *Children of Divorce*, avec pour vedettes Clara Bow et Gary Cooper (futur premier partenaire américain de Marlene, et « un des êtres humains les plus gentils que j'aie jamais rencontrés [47] »). Sternberg propose de le refaire entièrement. Le pragmatique Schulberg, « aimant les paris et calculant vite les chances [48] », lui accorde cinq jours pour cela. Le résultat étant un succès, on lui confie le tournage d'une adaptation d'un roman de Ben Hecht : *Underworld*.

Ce qui a été connu en France sous le titre de *Les Nuits de Chicago* est projeté à New York en septembre 1927. Et c'est son succès foudroyant, par le bouche à oreille, le jour même de la première, qui inspirera à son auteur ce constat ironique déjà évoqué : pour accueillir la foule impatiente, la salle reste ouverte toute la nuit, se transformant ainsi en refuge pour sans-abri, ce que les cinémas n'étaient pas encore du temps où la misère conduisait Jo, adolescent, à dormir dans des asiles sordides ou à la belle étoile.

C'est le premier des « films de gangsters », et c'est le film, par exemple, dont Jorge Luis Borges déclarera avoir conservé la plus grande impression, dans ses souvenirs de penseur devenu aveugle. Sternberg y lance une tradition de formules pourtant strictement issues des « sombres chimères » qu'il a pu visuellement libérer à travers toutes les larges brèches ouvertes dans la masse de ce qu'on attendait concrètement de lui : comme cette scène d'humiliation sadique où un ivrogne dépenaillé (Clive Brook, plus tard si propre, net et guindé dans *Shanghai Express*, où Dietrich sera idéalement la femme-oiseau qu'Evelyn Brent, dans le rôle de « Feathers », incarne ici rudimentairement), Brook, donc, ramasse au fond d'un crachoir des pièces de monnaie qu'on lui a jetées pour qu'il continue de se payer à boire.

Trente-deux ans plus tard, l'avilissement d'un autre ivrogne (Dean Martin), fouillant pour la même raison dans un crachoir semblable, sera salué comme une des admirables trouvailles de *Rio Bravo*. Cependant, le film de Howard Hawks qui est le plus directement redevable à *Underworld* et qui, au demeurant, est au moins aussi remarquable, mais sans plus, que *Rio Bravo* (les emprunts bien assimilés ne sont nullement contradictoires avec l'affirmation d'une forte personnalité), c'est naturellement *Scarface* (1932), qui n'a sur son modèle que l'avantage d'être « parlant ».

« Si mes films ont eu quelque influence, écrira Sternberg, cela ne peut que me faire plaisir, et ne va pas à l'encontre de mes espoirs. [...] Mais par ailleurs, j'ajouterai que l'on a repris certaines scènes de mes œuvres, ou qu'on les a copiées sans ménagement, que cela ne m'a fait aucun plaisir, et qu'un emploi de la caméra aussi dépourvu d'imagination n'a pas échappé à la désapprobation de ceux qui aiment le cinéma autant que moi[49]. » Lui-même pourtant, dans un passage de ses Mémoires, reconnaît l'utilité des emprunts : « Je me souviens par exemple d'un vieux film d'Ernst Lubitsch connu sous le titre de *Montmartre*, dans lequel Pola Negri s'agenouille humblement pour cirer les chaussures de son mari, alors qu'elle sait qu'il s'en va voir une autre femme. Cette habile manœuvre féminine inspira la psychologie d'une scène sentimentale de mes *Damnés de l'océan*[50] » — (*The Docks of New York*, 1928), où Betty Compson s'accroche à la chemise de George Bancroft pour tâcher de le retenir, en déchire ainsi la poche, et la recoud servilement, pour qu'il puisse partir en bon état, mais aussi pour le garder un instant encore auprès d'elle.

Les recettes puissantes d'*Underworld*, la mise en valeur magistrale de ses interprètes font que la Paramount confie à Sternberg la charge d'une production importante, et surtout d'un acteur considérable, qui contribuera indirectement, et en dépit de lui-même, à la révélation de Marlene Dietrich. Né en 1884, Emil Jannings était auréolé d'une prestigieuse carrière en Allemagne, au théâtre avec Max Reinhardt, et à l'écran avec quelques films majeurs : non pas la *Tragödie der Liebe* de Joe May, où figurait l'obscure Marlene, mais certainement *Der letzte Mann* (*Le Dernier des hommes*, 1924), *Faust* et *Tartuffe* (1926), d'un des rares maîtres, Friedrich Wilhelm Murnau, de qui, répétons-le, Sternberg a bien voulu admettre l'impact et l'influence. Jannings arrive, comme Murnau, en 1927 à Hollywood, mais c'est Victor Fleming (1883-1949) qui y dirige son premier film, *The Way of All Flesh* (*Ainsi va toute chair*, ou encore : *Quand la chair succombe*).

Cependant, les trames du hasard, ou de la fatalité, qui convergeront pour nouer la rencontre avec Dietrich remontent un peu plus haut encore. Deux ans plus tôt, après ses déboires avec Chaplin, Sternberg fait un séjour à Berlin, et il est présenté à Jannings par Karl Vollmoeller, le dramaturge qui, en 1922, avait fait engager Marlene pour *La Boîte de Pandore*, et qui sera crédité comme coscénariste de *Der blaue Engel* et de *The Shanghai Gesture*. Rien n'est alors décidé en Allemagne, mais l'impression mutuelle est forte, paraît-il, avant que l'expérience de travail ne soit décisive ; et il est plausible que celui qui a vu le plus clair dans les capacités de l'autre (même encore ignorées de l'intéressé), ce soit non pas le cinéaste de petite taille et à peine débutant, mais l'acteur déjà glorieux dont les pouvoirs n'étaient que trop visibles, car « ses rôles étaient tous présents dans son corps de géant et s'étaient intégrés dans sa vie quotidienne [51] ». Dans ses Mémoires, Sternberg consacre trente pages serrées à « Emil » (il en accorde quarante-cinq à « Frau Dietrich »).

Le premier résultat de leur association est *The Last Command* (*Crépuscule de gloire*), sur un scénario de Sternberg, mais une idée de Lubitsch. Jannings incarne un Russe blanc, ayant fui les Bolcheviks, et qui mène à Hollywood la vie pitoyable des figurants de studio. Son histoire véritable de « *grand-duc* Sergius Alexander » est présentée en un long flash-back, exemple précurseur de « film dans le film ». Or cet aristocrate déchu se trouve engagé pour le tournage d'un film sur la Révolution russe : croyant revivre son propre personnage, il succombe sur le plateau à une crise de folie.

Vigoureuse est la satire que brosse Sternberg de la dureté sociale de l'« usine à rêves ». « J'avais une connaissance incontestable de Hollywood, et cela me rendait difficile de le dépeindre d'une façon irréaliste. J'étais plus à l'aise avec la Révolution russe, car là j'étais libre d'user de ma seule imagination [52]. » Cela est déclaré sur le ton habituel du paradoxe et de la boutade, pour affirmer ensuite, comme en plusieurs occasions, que l'imagination est la seule véritable méthode pour célébrer artistiquement la réalité. En somme, Marlene, mal connue et le faisant rêver, sera une très solide alliée pour sa création. Mais la réalité de Jannings, en s'imposant une fois créée, sera vue comme destructrice : « Quand le film fut "en boîte", je remerciai Emil de sa coopération et lui déclarai que, jamais au grand jamais, fût-il le dernier acteur survivant sur terre, je ne solliciterais de nouveau le plaisir douteux de le diriger[53]. »

Quoi qu'il en soit des difficultés de tournage, et du réalisme ou de l'irréalisme du résultat, Jannings, grâce à *The Last Command*, mais aussi à *The Way of All Flesh*, obtient sa consécration américaine : l'Oscar du meilleur acteur. Or, 1927 était la première année d'attribution des *Academy Awards*; en l'occurrence, et dans cette optique, celui des deux, acteur et cinéaste, dont la carrière a le plus amplement tiré profit du talent et surtout de la renommée de l'autre, ce n'est pas l'acteur.

Emil Jannings tourne ensuite sous la direction d'Ernst Lubitsch, *The Patriot*, où il est Paul Ier de Russie — fils adultérin de Catherine II, dont la conception et la naissance seront évoquées six ans plus tard dans *L'Impératrice rouge*, soit dit en passant, pour continuer de nous amuser à démêler la trame des futurs recoupements. Jannings demande à Sternberg ce qu'il pense de son incarnation et la réponse est brutale : « *Scheiße* » (autrement dit : « de la merde »). Jannings s'empresse alors de répéter le mot à Lubitsch, qui en fait d'aigres reproches à son collègue et rival, et lui annonce qu'il n'aura pas fini d'en entendre parler. C'est du moins ce que raconte Sternberg, lequel ajoute : « Il employa son remarquable sens de l'humour, tout son fiel et tout son venin à me discréditer, et fut allègrement soutenu par la presse[54]. » Le fait est que lorsque Lubitsch, en 1935, prit la direction de la Paramount à la suite de Schulberg, il contribua à saboter la sortie de *The Devil Is a Woman*, à écarter Sternberg (qui dut alors se tourner vers la Columbia), et à enrôler Dietrich pour deux films, l'un, inconsistant mais charmant et vivant, qu'il se contenta de produire (*Desire*), et l'autre, inepte et figé, qu'il alla jusqu'à réaliser (*Angel*).

Véridique ou non, cette cause anecdotique de la longue animosité de Lubitsch (qui, dans notre système, figure comme repoussoir de Sternberg, un peu comme Leni Riefenstahl l'est de Dietrich) nous conduit du moins à imaginer l'ombre massive et rétive de Jannings s'étendant indirectement sur les causes de la séparation de « Jo » avec Marlene, comme sur celles de sa rencontre avec elle.

Il n'y a jamais eu de cinéma muet, a déclaré Josef von Sternberg ; les acteurs parlaient, et des cartons reproduisaient leurs paroles. Lui-même démontre les plus étonnantes capacités narratives du strict emploi de la lumière, du mouvement et du montage avec *The Docks of New York*, le plus fluide sans doute des films non sonores, le plus magistral en tout cas des siens. Mais la sortie, en septembre 1928, a lieu en même temps que celle du deuxième *talkie* en date après *The Jazz Singer* : *The Singing Fool* (en quelque sorte « le fou chantant » : Charles Trenet avait alors quinze ans). Tout film désormais doit être « parlant ». Sternberg en tourne promptement un, *Thunderbolt*, une histoire de gangsters qui tâche de retrouver le succès d'*Underworld*, sans y parvenir, mais avec un traitement du son aussi déterminé et précis que celui de l'image, loin de tout barbouillage hasardeux.

Emil Jannings, bien sûr, se doit maintenant d'être à son tour « parlant ». Adolph Zukor (1873-1976), le fondateur de la Paramount, le dirige lui-même dans un premier *talkie* (*Betrayal*, 1929), dont le résultat sonore est jugé tellement désastreux qu'on en exploite une version muette. La difficulté de l'accent paraissant insurmontable à Hollywood, il est donc décidé que les vrais débuts parlants de Jannings se feraient en Allemagne, à Berlin, aux studios de la UFA (Universum Film Actiengesell-schaft), dirigés par Erich Pommer. Le sujet est choisi, ce sera une vie de Raspoutine (comme si l'on estimait que Jannings devait absolument rester russe pour le public américain) qu'on tournera en deux langues, allemand et anglais. Le budget est fixé, il est considérable : 325 000 dollars. Et, pour la mise en scène, on fait appel à Ernst Lubitsch, lui-même berlinois, ayant réalisé une quinzaine de films allemands avant de partir pour Hollywood en 1923. Lubitsch demande un cachet de 60 000 dollars. Jannings surenchérit en exigeant 75 000 dollars. Le budget devient intenable.

Les négociations durent jusqu'en juillet 1929 avec Lubitsch, qui refuse de baisser son prix. Pommer songe alors au cinéaste de *The Last Command*, à qui il fait une offre de 30 000 dollars. Josef von Sternberg accepte de tourner à Berlin pour 40 000 dollars. On trouve ces très instructifs détails chiffrés dans le *Marlene Dietrich* de Steven Bach, mais *Fun in a Chinese Laundry* présente naturellemment les faits dans une optique différente, quoique sans doute véridique, car il est plausible, bien entendu, que Jannings en personne se soit chargé de l'appel, pour ménager la susceptibilité de celui qui ne fut en réalité qu'un pis-aller : « Je reçus un câble de cet acteur imprévisible me demandant de venir en Allemagne pour lui servir de guide au milieu des complexités du premier film parlant qu'il devait faire là-bas. Ce câble spécifiait qu'il avait obtenu de choisir le metteur en scène qu'il voulait, y compris Lubitsch, mais que j'étais l'élu de son cœur. Je fus touché de cette requête, venant de la part d'un grand et orgueilleux acteur à qui j'avais déclaré en termes non voilés que je le considérais comme une horrible calamité et un risque pour toute entreprise artistique, et, cela étant dans ma nature, j'acceptai[55]. » De plus : « Je savais qu'Erich Pommer s'occuperait de la production, et j'avais du respect pour certaines de ses précédentes réalisations[56] », parmi lesquelles figuraient, en 1924, *Les Nibelungen* de Fritz Lang et *Le Dernier des hommes* de Murnau.

« Jo » arrive à Berlin le 16 août 1929, accompagné de la brune Riza Royce von Sternberg (18 juillet 1903, Lancaster, Pennsylvanie – 20 octobre 1980, Los Angeles), actrice qu'il a épousée à Londres en 1926, et avec qui il est en instance de divorce — mariage et divorce dont *Fun in a Chinese Laundry* ne dit pas un mot. Mais ils ont suspendu la procédure pour quitter ensemble le territoire des États-Unis et éviter ainsi les complications administratives.

L'Ange bleu

C'est seulement une fois arrivé à Berlin, raconte Sternberg, qu'il apprit que le projet était de lui faire tourner une vie de Raspoutine. Il refusa, n'ayant aucun désir de s'occuper d'une histoire dont le dénouement était si largement connu. Son rejet ne fut pas mal accueilli. Le sujet était périlleux, tout traitement inventif risquait de s'exposer à des procès. Une semaine plus tard, Jannings vint le voir à son hôtel pour lui parler avec excitation d'un roman publié en 1905 dont, en réalité, l'idée d'en faire une version filmée courait depuis une dizaine d'années dans les studios allemands. Il y était question d'un professeur de lycée stupide, prétentieux, tyrannique et chahuté, du nom de Raat (ou Rath dans le film), que ses élèves injurieux déforment en « Unrat », qui signifie « ordure ». Un beau soir, Raat, ou Rath, parti à la poursuite d'élèves débauchés, découvre un cabaret, *L'Ange bleu*, où se produit Rosa Fröhlich, chanteuse fille-mère dont il s'entiche et qu'il épouse. Le scandale est tel qu'il perd son poste et décide alors de se venger de la société en ouvrant un tripot, sa femme servant d'appât pour démasquer la corruption des notables. Mais il a une crise de fureur en surprenant Rosa avec le plus arrogant de ses anciens élèves et ils finissent tous deux par être arrêtés.

On pourrait naturellement prétendre que si l'auteur, Heinrich Mann, né à Lübeck en 1871, mort en Californie en 1950, peut plus ou moins subsister dans les mémoires, c'est, d'une part, pour avoir été de quatre ans le frère aîné du glorieux Thomas, prix Nobel en 1929 (l'attribution et le discours eurent lieu dans la période de tournage de *Der blaue Engel*), et, d'autre part, pour avoir écrit un livre dont le titre obscur, *Professor Unrat*, est cité au générique d'un film ne devant sa célébrité (comme il en fit lui-même la prédiction désabusée) qu'aux cuisses dénudées de Rosa Fröhlich rebaptisée Lola Lola — remarque désobligeante pour Josef von Sternberg, mais aussi pour l'actrice Marlene Dietrich.

Toutefois, il y a dans certaines vies créatives des forces déterminantes qui n'ont pas d'échos directs dans la célébrité. Si Thomas Mann, courtisé par Hitler en raison de sa renommée mondiale, prit conscience des crimes qu'annonçaient les aberrations du nazisme, c'est largement en raison de l'exemple du sort de Heinrich, aussitôt contraint à l'exil, dès 1933, quand ses livres furent mis sur les listes noires, comme le fut aussi *L'Ange bleu*. Un autre écrivain, fragile et admirable et, si l'on veut, placé tout autant que Heinrich dans une ombre relative, s'activa ardemment pour convaincre Thomas de fuir les avances nazies : son fils aîné Klaus.

Bref, Emil Jannings proposait un texte chargé de puissantes résonances avec la situation politique de l'Allemagne en 1929 et pour les années qui suivirent — même si Sternberg n'en eut pas conscience sur le moment, et le contesta par la suite, sous prétexte de clamer son indépendance d'artiste. Pourtant, le contexte était déjà très évidemment contraignant, sinon menaçant. Et comment pouvait-il en être autrement autour du premier film « parlant » allemand, production de prestige vers laquelle convergeait tout ce que Berlin pouvait offrir en talents et en pouvoirs? Le patron de la UFA, également magnat de la presse, Alfred Hugenberg, finança par ailleurs l'accession au pouvoir de Hitler. Sternberg constate : « Il se méfiait de mes intentions, car il ne lui fallait pas une grande perspicacité pour sentir que j'étais très loin de vouloir dépeindre les Allemands comme une race supérieure[1]. »

La réalité semble avoir été légèrement différente. Hugenberg se méfiait surtout de la volonté subversive du livre. Et il exigea que la déchéance du professeur soit présentée comme humainement excusable, autrement dit qu'on élimine la féroce satire sociale, qui est le sens de la deuxième partie. Mais, qu'est-ce que l'art du metteur en scène? Si ce n'est assimiler les contingences au point de les métamorphoser en inventions personnelles. L'action du *director* est, au fond, de même nature à la scène, mais elle y est évidemment moins impérieuse et déconcertante qu'à l'écran, où la convergence des hasards humains maîtrisés et transmués, visages, gestes, sentiments, une fois imprimée sur la pellicule, est destinée à se reproduire indéfiniment, comme si tout était directement issu de la volonté immuable d'un seul « créateur ». Sternberg, travaillant durant deux mois sur un script déjà existant de Robert Liebmann, avec la collaboration des dramaturges Karl Vollmoeller et Carl Zuckmayer, et en fonction des exigences politiquement édulcorées de Hugenberg, se persuada que l'adaptation fut exclusivement le fait de sa vision personnelle. « J'aimais bien l'idée de la première partie du roman ; je rencontrai Heinrich Mann et lui demandai si cela l'ennuyait que je change la structure de son histoire, en éliminant et en rajoutant tout ce qui convenait à mon projet. Je lui dis que j'avais l'intention de titrer le film *L'Ange bleu*, de changer le nom de la fille en Lola, et de modifier complètement la fin en faisant retourner le professeur dans sa salle de classe pour y mourir. Mann n'eut aucune objection ; au contraire, il me dit qu'il aurait aimé penser à ces modifications, et il me laissa toute liberté d'opérer les changements que j'estimais convenables[2]. » Et puis : « Sans l'électricité d'une femme nouvelle et excitante, le film n'aurait été rien de plus qu'un essai reflétant la stupidité d'un tyran scolaire[3]. » En somme, une bonne façon de rendre humainement excusable la disgrâce d'Unrat était de transformer la connivence crapuleuse d'un couple soudé, en un malentendu amoureux où l'homme s'effondre et la femme triomphe, sans d'ailleurs qu'elle le veuille clairement.

Ici, cependant, il y a une singularité, qui tient à la nature paradoxale de la fonction du metteur en scène. Les modifications contingentes auraient pu en effet être inspirées par une appréciation strictement formelle du texte. Car, pour le dire simplement, la deuxième moitié du roman est plus faible, plus mécanique et didactique, et moins vivante, que la première. Une autre singularité paradoxale, c'est que la mise en avant d'une « femme nouvelle et excitante », bref la révélation de Marlene Dietrich, s'opère essentiellement dans la première partie du film, celle qui suit docilement le livre ; et que la deuxième partie, qui invente dans tous les détails la déchéance clownesque de « Rath », est celle qui laisse libre cours au génie d'acteur d'Emil Jannings, en réalité plutôt entravé par la fidélité littérale de la première partie. En quelque sorte, Sternberg, comme s'il était conscient de tout ce qu'il dérobait à Jannings en magnifiant Lola Lola, semble avoir voulu lui accorder une compensation saisissante avec la scène du « *Kikeriki* », performance magistrale d'un grand acteur masochiste, que le cinéaste devait parfois molester pour obtenir qu'il joue.

Rappelons la séquence. Rath, déchu, maquillé en clown, perruque et faux nez, avili jusqu'à devoir vendre des images de sa femme aux clients blasés du cabaret, est obligé de participer à un numéro d'humiliation, et même de sadisme, sur la scène de L'Ange bleu, sous les yeux de ses anciens collègues et élèves. Son comparse, le directeur de troupe (le très remarquable Kurt Gerron), le présente comme le célèbre professeur Immanuel Rath, plante un poignard dans son chapeau, pour montrer que la tête est creuse, puis lui sort du nez un œuf, qu'il écrase sur son crâne d'Auguste. Rath est alors censé pousser un « cocorico » (*Kikeriki* en allemand) d'extase obscène, ce qu'il ne fait pas, hagard de souffrance. Il est injurié : « Dis *Kikeriki! Kikeriki!* » Titubant, il aperçoit dans les coulisses Lola enlacée par un bellâtre, culturiste du nom de Mazeppa. Et il se met alors à hurler un cri de coq épouvantable, halluciné et déchirant.

Soit dit en passant, il y a sur ce point une importante donnée psychologique dont on peut vraiment regretter l'élimination : le fait que, dans le roman, ce soit en voyant sa femme dans les bras de Lohmann, le plus insolent de ses anciens élèves, qui écrivait des poèmes érotiques célébrant Rosa Fröhlich, que Rath a la crise de fureur qui le mènera en prison. Lohmann, pourtant, figure bien au début du film, et sa fonction y est d'autant plus fidèlement respectée qu'elle est magistralement convertie en images. Rath le surprend en classe avec, non pas un poème, mais une photo de Lola : de petites plumes forment un jupon, Lohmann souffle dessus, pour découvrir les jambes. Unrat fera de même, dans le secret de sa chambre, enclenchant ainsi le plus magique et le plus efficace des fondus-enchaînés, d'images et de son, qui puisse introduire Marlene Dietrich surgissant dans son identité et dans sa gloire immédiates, les cuisses nues, les mains sur les hanches, le regard lucide et le sourire hautain, en chantant « *Ich bin die fresche Lola* ». Elle évoquera ainsi sa première apparition : « Sur le plateau, quatre caméras tournant en même temps étaient braquées, du moins l'imaginais-je, sur mon entrejambe (je ne dis cela qu'avec le plus profond dégoût)[4]. »

Donc, il y a d'abord ce merveilleux enchaînement visuel et musical qui passe d'Unrat soufflant sur les petites plumes de la carte postale à un gros plan du visage de Lola, indifférente et dédaigneuse, regardant la salle de haut, en oscillant imperceptiblement. Cependant, après un plan de coupe montrant brièvement un élément du décor (un amour grotesque et joufflu), le plan rapproché qui la révèle ensuite, depuis sa culotte jusqu'à ses pieds, est très court. La caméra prend aussitôt ses distances pour, avec une captivante virtuosité qui entrecroise les silhouettes et mêle musique, cris et bruits, incruster Lola dans toute l'agitation pagailleuse de la salle et de la scène, et dans l'accumulation du bric-à-brac : au cours de ce mouvement perpétuel du cabaret, une mouette empaillée, suspendue au décor, semblera fugitivement jaillir comme un sexe énorme de son « entrejambe » — le texte de la première chanson où elle se décrit au monde étant par ailleurs bien évidemment émaillé de grivoiseries.

À partir de là, Marlene domine toute la partie du film qui s'applique à suivre scrupuleusement la trame du roman. Et ce n'est que dans le dénouement entièrement modifié que Jannings, délirant de rage, même à cause d'un bellâtre de remplacement introduit par Sternberg pour la circonstance (et en raison sans doute de sa propre rancœur de petit homme amoureux des femmes, contre les bonnes fortunes des rouleurs de mécaniques), que Jannings, donc, manifeste une des plus terrassantes puissances expressives et émotives dont soit capable un acteur, et dont il n'y a sans doute un écho distancié, mais comparable, que dans le cri de douleur bestiale que pousse, en coulisses, Michael Lonsdale dans *India Song* (1974), de Marguerite Duras.

Ajoutons à ce propos deux choses. L'une, bien connue, c'est qu'à l'issue de cette scène de désespoir amoureux hors du commun, Rath est censé tenter d'étrangler Lola, et que l'histoire veut que Jannings, détestant l'empire effectif qu'elle prenait sur Sternberg et sur tout le film, ait vraiment essayé d'étrangler Marlene Dietrich, laquelle aurait par conséquent hurlé de panique pour une bonne raison et avec une parfaite conviction. Un autre élément symptomatique, moins souvent cité, c'est que ce soit le hasard des enchaînements du travail qui ait produit l'idée de ce saisissant paroxysme. Car, selon Sternberg : « Ce n'était pas dans le livre ni n'avait été prévu ; tout surgit d'un incident que j'avais inventé pendant le tournage, une blague de repas de mariage au cours de laquelle on fait sortir des œufs du nez du professeur, qui se met à crier comme un coq[5]. » Cette première scène de « cocorico » est en effet marquante, avec Marlene en bonnet de mariée qui répond à Jannings comme une poule amoureuse, par des « cot cot cot cot » qu'elle rythme en faisant osciller son nez comme un bec. Mais, au résultat final, cela ne paraît qu'une annonce remarquablement habile du dénouement, et la conséquence de cette idée improvisée durant le tournage, loin de paraître un rajout, constitue le fondement même, la colonne vertébrale, du personnage de Rath, ce *climax* où Jannings peut enfin donner, dans un prodigieux clair-obscur rythmé par des rideaux et des gazes, toute son immense mesure d'acteur. L'histoire veut également qu'il ait réclamé, pour être plus convaincant, que les œufs écrasés sur son crâne soient pourris.

C'est un cas où « en faire trop » est la dose exacte, que peu sont capables de fournir. Mais cette rare capacité, Jannings veut la manifester en toute circonstance, et c'est une manifestation trop souvent agaçante dans la première partie du film. S'il doit se servir une tasse de café, il ne se sert pas, il montre qu'il est en train de se servir, en inclinant bien soigneusement la cafetière et en fixant la tasse des yeux. Et tout à l'avenant. S'enfonçant dans le quartier louche de *L'Ange bleu*, Unrat selon Jannings ne regarde pas simplement autour de lui comme un homme qui cherche son chemin : il tourne sans cesse sa tête ahurie, ses bras font plusieurs fois les mêmes gestes désordonnés, pour bien prouver à quel point il est inquiet et égaré. Le ridicule est celui du cabotin et non du personnage. La scène, en l'occurrence, s'applique à bien illustrer des descriptions qui, dans le roman, sont envoûtantes. Sternberg sur ce point reste très exactement et docilement fidèle au texte, même si les décorateurs de la UFA (Otto Hunte et Emil Hasler) reconstituent un peu trop scrupuleusement l'ambiance diagonale et « expressionniste » rendue fameuse par *Le Cabinet du docteur Caligari* (de Robert Wiene, produit en 1919 par Erich Pommer).

Dans le premier cheminement de Unrat qui mène à Lola, la concession au poncif, même admirablement réalisé, est d'autant plus frappante que l'ensemble du film, en somme, demeure étonnamment et totalement neuf et vivace.

Neufs et vivaces plus que tout sont évidemment le naturel et l'aisance avec lesquels Marlene incarne très exactement Rosa Fröhlich, telle que Heinrich Mann l'avait dépeinte : belle et bonne fille gouailleuse, digne et vulgaire, libre et entravée, spontanée et désabusée, amusée par la balourdise du *Herr Professor*, mais émue et flattée aussi, éclatant d'un rire magnifique et grotesque, cynique et innocent, épanoui et crispé, quand il lui propose solennellement le mariage, un gros bouquet à la main. Comment du reste Marlene n'aurait-elle pas lu le roman, et depuis longtemps, et ne l'aurait-elle pas parfaitement assimilé ? Dans ses souvenirs, elle constatera en toute honnêteté : « Alors que j'écrivais ces pages, j'ai eu l'occasion de voir *L'Ange bleu* à la télévision, dans la version allemande. Je ne m'attendais pas à trouver une actrice parfaite dans un rôle difficile, insolente, parfois tendre, une actrice naturelle, libérée, donnant naissance à un personnage complexe, une personnalité qui n'était pas la mienne. Je ne sais pas comment von Sternberg opéra ce prodige. [...] J'avoue avoir été fort impressionnée par l'actrice Marlene Dietrich, capable d'interpréter avec succès une fille à matelots des années vingt. Même l'accent (le bas allemand) y est[6]. »

Pour « opérer ce prodige », une des méthodes, sans doute, de Sternberg est de faire confiance à Marlene pour construire, de manière réaliste, le personnage, elle qu'il estime familière des cabarets et de l'argot de ce Berlin bouillonnant où il vient à peine d'arriver. Et elle obtient de concevoir elle-même ses costumes, en fouillant dans les hardes qu'elle a récupérées d'anciens spectacles, et en explorant avec Rudi les bas quartiers pour étudier les tenues des prostituées. Lisons ce qu'elle en dit : « Von Sternberg avait une image précise de la Lola de *L'Ange bleu*. Il connaissait tout de sa voix, de sa démarche, de ses gestes, de son allure. Il influença le choix de mes vêtements, m'encouragea à en inventer d'autres, ce que je fis avec un rare enthousiasme[7]. » Et, ajoute-t-elle : « Mon "bon sens", comme il disait, le surprenait. Il me jugeait belle (ce qui était loin d'être le cas), et donc stupide[8]. » La surprise, sûrement, pour le cinéaste, surtout s'il nie la possibilité de l'intelligence, c'est d'avoir trouvé une actrice qui non seulement comprenne, mais devance ses visions ; qui manipule elle-même, pourrait-on dire, la manipulation à laquelle elle se prête « avec un rare enthousiasme ».

Car c'est, non pas dans la reproduction littérale de Rosa Fröhlich, mais dans sa transcendance que s'enflamme et s'affirme la prodigieuse complicité. Voyons, revoyons sans cesse, la séquence la plus emblématique de toute la carrière de Marlene

Dietrich, celle où pour la première fois, c'est-à-dire pour des millions de fois dans l'avenir, à travers le monde, elle chante son cantique d'amour. Unrat vient de se battre à cause d'elle, hors de lui jusqu'à en avoir un malaise, et ainsi il a gagné l'estime de toute la troupe. Le patron lui fait avaler un vigoureux cordial, le traîne dans la loge d'honneur et le présente pompeusement au public interlope. Des bravos railleurs éclatent, mais Rath, en gros plan, saluant de droite et de gauche avec un sourire béat, prend cela pour de sincères acclamations. Puis il y a un raccord sur un plan d'ensemble de la salle. En arrière-fond, on voit Lola, à gauche sur les planches, achever d'applaudir le professeur, et manifestement elle le fait avec modestie, spontanéité et sincérité.

La musique reprend, annonçant la merveilleuse rengaine de Friedrich Holländer, à la fois évidente et ambiguë, hymne triomphal et ballade lancinante. Au centre de la petite scène encombrée, une grosse femme obscure est assise sur un tonneau. Les mains sur les hanches, Lola se dirige vers la droite, puis se retourne, se plante devant la grosse femme obscure, la fixe impérieusement des yeux et fait de la main droite un petit geste horizontal et sec que l'autre comprend aussitôt en libérant le tonneau. Lola s'y assied, se renverse légèrement en arrière, relève sa jambe droite, en la calant des deux mains, et elle se met à chanter, en plan rapproché : « *Ich bin von Kopf bis Fuss auf Liebe eingestellt* ». Son visage est radieux, comme illuminé par la plus flagrante des certitudes. Un geste large de la main suit les paroles, descendant mollement de la tête aux pieds. Elle a entièrement pris le pouvoir. Et en même temps, elle s'offre à Unrat, avec naturel et gentillesse.

Or le tonneau et la posture, tout autant que le costume bien sûr, chapeau claque de satin blanc, jupon retroussé à l'avant, culotte à froufrou, jarretelles tendues sur des cuisses nues, sont paraît-il, durant le tournage, des trouvailles personnelles de Marlene. Si tel est le cas, Sternberg, en acceptant, assimilant et sublimant l'initiative, a dû avoir un troublant sentiment de confirmation. Car voici comment il décrit son impression à la fois raisonneuse et instinctive quand, le 5 septembre 1929, il vit pour la première fois « Fraülein Dietrich », « *in the flesh* », « en chair et en os » : « Elle s'était enveloppée comme pour dissimuler chaque partie de son corps. Le peu qu'elle avait à faire sur scène n'était pas aisément discernable ; je ne me souviens que d'une réplique du dialogue. Là se trouvait le visage que je cherchais et, pour autant que je pouvais le dire, une silhouette qui lui faisait honneur. De plus, il y avait quelque chose d'autre que je n'avais pas cherché, et qui me disait que ma quête était terminée[9]. » Quête très intime, imaginons-nous, et qui avait confusément commencé bien avant que ne soit prise la décision d'adapter le roman de Heinrich Mann. Marlene Dietrich, de son côté, mit un peu plus de temps, mais fut encore plus déterminée, à constater que sa propre attente était terminée et que son exigence, par conséquent, commençait.

Ce « quelque chose d'autre » que distingue Sternberg, c'est peut-être un potentiel érotique ou même
truculent dont d'ailleurs on l'aurait déjà plus ou
moins prévenu ; mais ce qu'il discerne en elle, c'est
aussi, et surtout, l'image de son propre sentiment
de singularité et de supériorité : « Elle se tenait à
l'écart, appuyée contre le décor avec un air de froid
dédain pour cette bouffonnerie, contrastant vivement avec l'effervescence des autres, qu'on avait
chargés de me donner un exemple de la grandeur
de la scène allemande. Elle avait appris que j'étais
dans le public, mais comme elle ne se sentait pas
concernée, elle était indifférente à ma présence [10]. »
Cela, c'est admettre la raison que donnera elle-
même Marlene.

Or n'était-ce pas en réalité une pose habile, afin
de mieux retenir l'attention ? « Elle avait un main-
tien impressionnant (qui n'était pas naturel, ainsi
que je m'en aperçus, car elle débordait d'exubé-
rance quand elle n'était pas contrainte) [11]. » Sternberg ajoute cette remarque en manière d'éloge et
pour signaler qu'il voyait également en elle une
vitalité à épanouir. En même temps, ne soupçon-
nait-il pas, comme en dépit de lui-même, la pose
calculée ? Mais ce qu'il flairait sûrement, et il le dit,
c'était l'occasion unique de transcender les données
du scénario et de faire incarner son apport intime.
Jamais, pourrait-on dire, le paradoxe de l'art du
metteur en scène ne fut plus frappant que dans *Der
blaue Engel*, où tous les éléments constitutifs de
l'adaptation, issus du génie collectif intellectuel ou
paillard du Berlin des années vingt, étaient mis en

place avant l'arrivée de Sternberg. Tous, sauf Marlene Dietrich.

Quoi qu'il en soit de l'indifférence de Marlene, chacun, dans le monde du spectacle berlinois, savait bien sûr que Josef von Sternberg était depuis un mois à la recherche d'une partenaire pour Emil Jannings. « À mesure qu'approchait le début du tournage, un malaise se faisait sentir. Une rumeur commençait à circuler : la femme que je cherchais n'existait pas sur terre [12] », se vantera-t-il. En feuilletant un album professionnel, il tombe sur « un portrait plat et inintéressant de Fraülein Dietrich [13] ». Toutefois, par acquit de conscience, il interroge son assistant, qui lui répond (« *Der Popo ist nicht schlecht, aber brauchen wir nicht auch ein Gesicht* [14] ? ») que le derrière n'est pas mal, mais qu'on a besoin aussi d'un visage, n'est-ce pas ?

De cette anecdote fameuse dans l'histoire du cinéma, on trouve un relais dans les *Mémoires* de Leni Riefenstahl, laquelle affirme qu'elle était elle-même pressentie pour le rôle de Lola, et que Sternberg, l'acceptant non comme interprète mais comme assistante, lui faisait la cour (ce dont, selon elle, Marlene ensuite aurait été terriblement jalouse). Continuons de la lire. Lors de leur premier déjeuner ensemble, « Jo », détendu par l'intelligence des éloges qu'elle lui fait sur sa façon de traiter la lumière, se plaint de ce qu'on essaie de lui imposer des actrices qui ne lui conviennent pas. Ainsi, on vient de lui montrer de mauvaises photos d'une certaine Marlene Dietrich. Marlene Dietrich ? « Leni » voit très bien qui c'est. Elle la trouve très intéressante. Elle l'a remarquée une fois à une terrasse de café. Entourée d'amies, Marlene, de sa voix «grave et rauque», a lancé soudain : «Mais pourquoi faudrait-il absolument avoir une belle poitrine, ce n'est pas si mal quand les seins tombent un peu!» Et elle a sorti son sein gauche en le secouant. C'était «vulgaire et excitant [15]». La suite de ces louanges très fémininement équivoques, c'est, d'après Riefenstahl, que Sternberg découvre Dietrich sur scène le soir même et se rallie donc à son jugement à elle, Leni.

Qu'il ait été prévenu ou averti dans un sens ou dans un autre, il a fait son choix dans la salle où se donne *Zwei Krawatten*. («Mes instincts, pas toujours en éveil, avaient eu cette fois-ci assez de force pour tenir bon jusqu'à ce que j'aie trouvé la composante la plus importante du film à faire [16].») Marlene est convoquée dès le lendemain après-midi aux bureaux de la UFA. Elle se présente à Sternberg élégamment vêtue en bourgeoise très décente, soit qu'elle ait sincèrement cru, comme elle l'affirmera, qu'on lui proposerait peut-être un rôle secondaire, mais certainement pas le principal, celui de la chanteuse de beuglant; soit qu'elle ait suivi une habile tactique, peut-être pour rappeler sa dignité d'actrice déjà connue, mais surtout pour se démarquer des autre candidates et intriguer Sternberg, étant conseillée en cela par Rudi, qu'elle a nécessairement consultée. Pommer entre alors, accompagné de Jannings. Il demande à la dame en tailleur héliotrope d'ôter son chapeau et de faire quelques pas. (Cette petite scène sera reproduite d'une manière encore plus vexante et brutale dans *Blonde Venus*.) Elle s'exécute « avec une apathie bovine [17] », et tous deux sortent sans un mot, en échangeant des signes de connivence désobligeants. « Elle ne s'attendait sûrement à rien d'autre, mais elle regarda la porte se fermer derrière eux avec un air de profond mépris qu'elle dirigea ensuite vers moi comme si j'étais responsable de cette inutile humiliation [18]. »

Sternberg alors se met à lui expliquer comment il conçoit pour elle le personnage de Lola. Et elle a une réaction qui, calcul ou instinct, intelligence ou ambition, révèle, au moins par ses résultats, une étonnante capacité de juger aussitôt à qui elle a affaire. En face de Sternberg, elle pratique d'emblée, à quelques légères distorsions près, l'honnêteté intellectuelle. En plus d'affirmer qu'elle ne pensait absolument pas qu'on lui proposerait le rôle principal, elle avoue qu'elle ne sait pas jouer, que personne n'a jamais su la photographier d'une façon ressemblante, qu'elle a déjà tourné dans trois films où elle a été mauvaise (il apprendra qu'elle en a fait neuf ; en réalité elle en a tourné dix-sept : mais elle n'a sans doute voulu compter que ceux dont elle est pleinement vedette), et que la presse n'a pas été tendre avec elle. Elle exige même qu'il les voie. Et il le fera. « Si j'avais vu ses films avant de l'observer sur scène, ma réaction aurait été celle de tout le monde... une femme gauche et sans charme, laissée à elle-même, dans un embarrassant étalage d'inepties [19]. » Puis elle lui déclare qu'elle connaît certains de ses films, et qu'il sait diriger les hommes, mais qu'elle doute qu'il puisse faire aussi bien avec les femmes.

Cette dernière remarque nous semble admirable d'efficacité. D'une part, parce qu'elle est, pourrait-on dire, prémonitoirement justifiée. Aucun homme dans les films de Sternberg postérieurs à *L'Ange bleu* (même ses alter ego les plus manifestes, Adolphe Menjou, Lionel Atwill ou Tadashi Suganuma) ne donnera de ses idées une incarnation plus étonnante que celles qu'il a déjà obtenues de George Bancroft, de Clive Brook, de William Powell et naturellement d'Emil Jannings. En revanche, ce qu'il a fait des femmes précédentes, Georgia Hale, Evelyn Brent, Betty Compson ou Fay Wray, n'a pas été à sa propre mesure, qu'il le sache ou ne le sache pas encore. Mais comment pourrait-il ne pas l'avoir senti ? Bref, nous interprétons la réaction de Marlene comme une façon sous-entendue d'exiger de Sternberg, s'il la veut pour Lola, que son premier souci soit de réussir là où les autres cinéastes ont échoué avec elle, et où lui-même a échoué avec les autres actrices : de la photographier et de la faire jouer comme elle le mérite, elle, Dietrich, afin de prouver, en montrant ce dont elle est vraiment capable, qu'il sait diriger les femmes, pourvu qu'il en trouve une qui soit digne de ses conceptions. À cela tient l'autre aspect étrangement clairvoyant de ce défi : car c'est au fond le *challenge* que Sternberg s'est lancé à lui-même, en décidant de faire de Lola l'incarnation même de tout ce que son propre génie pouvait apporter de singulier à une adaptation de *Professor Unrat*. Et c'est cela qu'il découvre avec saisissement.

Cependant, si elle formule sur-le-champ, à sa

manière équivoque, cette convergence fulgurante de deux attentes et de deux volontés, Marlene ne s'en aperçoit vraiment qu'un peu plus tard, au cours du tournage, ou bien à sa première vision des rushes : elle est fascinée par le processus comme par le résultat. La justice des choses aurait voulu, sans doute, que Sternberg soit fasciné par cette fascination : autrement dit, qu'il veuille bien s'avouer que c'était réciproquement une chance unique, pour lui, d'avoir trouvé une actrice qui non seulement puisse incarner sa vision, mais sache comprendre son génie, et qui soit enfin en position de force pour être la plus efficace de ses alliées face à l'hostilité grandissante des studios. Or son attitude, peut-être, était de faire comme si son génie allait tellement de soi que peu importait que les autres le comprennent ou non, pourvu qu'ils y contribuent. Par ailleurs, on est toujours plus ou moins redevable à quelqu'un qui vous comprend et qui vous aide, et il n'admet pas ce genre d'obligations.

Du reste, Marlene elle-même interprétera leur accord en termes, non pas de convergence ou de compréhension, mais de pure soumission, qui valent d'être cités ici, même s'ils sont récapitulatifs de ce qui alors n'était qu'en germe, et s'ils nous paraissent un peu comiques dans leur abnégation, à la lueur de l'aspect de triomphe de la star :

Je l'ai satisfait. Je n'ai jamais refusé une seule fois ses directives, j'exprimais mes suggestions (qu'il utilisait souvent) au bon moment. Bref, j'essayais de ne pas gêner. J'étais disciplinée, ponctuelle, consciente des problèmes du metteur en scène et des acteurs, intéressée par la photographie et tout ce qui se passait derrière la caméra. En d'autres mots, j'étais trop parfaite pour être vraie[20].

Nous sourions sans doute devant ce qui peut nous paraître une posture éhontée de fausse modestie. Et Sternberg, à l'occasion, fulminera contre « ce mélange d'autodénigrement relevé par des éloges à mon égard, ce composé de soumission rampante envers un mentor[21] », attitude que Dietrich aurait perfectionnée « dès qu'il fut évident que cela lui attirait un surcroît d'admiration[22] » : « Elle colportait maintenant ses "tourments" non pas pour se plaindre, mais en parvenant d'une manière habilement détournée à les transformer en vertus. Elle inversait les données et, avec un instinct louable, se présentait comme une martyre chantant les louanges de la grâce divine qui lui accordait d'être lacérée[23]. » Mais nous sommes forcés de reconnaître l'authenticité de cette docilité professionnelle, en lisant ailleurs que « Jo » est très loin d'en nier l'existence et l'efficacité :

Sa conduite sur mon plateau était une merveille à voir. Son attention était rivée sur moi. Aucun accessoiriste n'aurait pu être plus zélé. Elle se comportait comme si elle était là à mon service, la première à remarquer que je cherchais un crayon, la première à se précipiter avec une chaise quand je voulais m'asseoir. Elle n'opposait pas la moindre résistance à ma domination sur son jeu. Rarement j'ai eu à faire plus d'une prise avec elle[24].

Admettons que, dans ce cas hors du commun et si fertile, comme dans tant d'autres si ordinaires et si stériles, la « domination » fut exactement aussi ambivalente que la soumission. Et là, naturellement, se situe la convergence.

On décide cependant de tourner un bout d'essai filmé. Marlene estime que c'est inutile puisqu'elle n'est pas faite pour le rôle. Sur cette inutilité, Sternberg est tacitement d'accord avec elle, mais pour une raison contraire : il a trouvé l'actrice idéale et sa décision est prise. Toutefois, il se sent tenu à cette formalité, car déjà il songe à montrer sa découverte aux responsables de la Paramount, et aussi parce qu'il s'est engagé à faire un test avec « une charmante et spirituelle jeune femme du nom de Lucie Mannheim[25] », favorite de la production, et qu'il a à demi acceptée. Elle se présente avec son pianiste. « Tous deux m'impressionnèrent, mais ce fut le musicien, Friedrich Holländer, que je retins[26]. » Puis c'est le tour de Marlene, qui n'a rien préparé. La version de l'histoire qu'elle perfectionnera trente ans plus tard, au cours de ses récitals, pour provoquer des salves d'applaudissements (« J'étais étudiante dans une école de théâtre en Europe quand un célèbre metteur en scène américain, Mister Josef von Sternberg, etc., etc. Le nom du film : *The Blue Angel*[27] ») — cette version sans cesse malléable restera cependant véridique sur plusieurs points, dont le fait qu'elle ait effectivement chanté la chanson américaine (*You're the Cream in My Coffee*) qu'elle annonce chaque fois comme celle qui l'aurait conduite à faire du cinéma, elle, la toute jeune inconnue.

Ce test très tardivement retrouvé et diffusé (que Dietrich n'a jamais vu, mais dont elle conservera un souvenir détaillé qu'elle évoquera dans l'interview que Maximilian Schell fera d'elle en 1982) s'offre désormais généreusement, comme tout le reste du legs immense, à nos commentaires et vérifications. C'est un document extraordinairement révélateur, confirmant les réflexions de Sternberg quand il se souvient que toute la production s'était prononcée en faveur de la supériorité de Lucie Mannheim. « Je ne pouvais pas en croire mes oreilles, car l'écran donnait la preuve flagrante d'une personnalité unique[28]. » Pour nous maintenant, qui n'avons pas besoin de son intuition géniale pour considérer ces trois minutes d'essai à la lueur de l'avenir que leur a donné justement son génie, le plus grand intérêt, peut-être, à partir des éléments manifestes, c'est, non pas de reconstituer mentalement la perfection du visage futur, mais de discerner ce qui est encore présent et qui sera sacrifié à cette perfection.

Pour le dire plus simplement, on est surtout frappé par l'air de fraîcheur et de spontanéité d'une jeune femme qui, petite fille, devait adorer faire le pitre. Elle croise ses mains en ailes sous le menton et papillote des yeux pour gazouiller « tu es la crème dans mon café ». On décèle d'autres caractéristiques, éclatantes ou défaillantes, qui seront masquées ou cultivées : la bouche un peu sèche (le rouge à lèvres hollywoodien se chargera d'une meilleure rectification) qui a tendance à se crisper vers la droite, lorsqu'elle tire sur une cigarette ; ou bien un clignement facile de la paupière gauche, lorsqu'elle lève ou baisse les yeux. Et puis, en plus de la poésie constante du regard, une certaine majesté distante, celle sans doute qui, sur scène, avait tant impressionné Sternberg, quand le mouvement pivote et se fige, profil gauche ou profil droit, par-dessus l'épaule. Sa remarquable vitalité, estimera-t-il, a été canalisée.

Il lui a indiqué de se mettre en colère contre son accompagnateur, à qui il a demandé de jouer faux. Elle s'exécute avec une conviction fulminante. Après le signal « *cut* », elle saute du piano où, avec un parfait naturel, elle avait grimpé, en frôlant sans le vouloir les touches et en produisant ainsi un accord dissonant (effet sonore de contrepoint réaliste qui sera fugitivement employé dans *Dishonored* et dans *The Devil Is a Woman*) pour, après avoir remonté négligemment ses bas, se mettre à chanter, cette fois en allemand, « pourquoi pleurer ? » (« *Wer wird denn weinen ?* »); et puis, le morceau terminé, elle demande, d'une voix fine et pleine de gentillesse, pardon à son partenaire, le musicien qu'elle vient docilement d'injurier.

Tout cela bien sûr fait réfléchir à ce que la future Dietrich, cuirassée de splendeur, mais aussi de dureté, afin de construire et d'affronter sa gloire, a dans le processus perdu, non pas en jeunesse (qui fera partie de la cuirasse), mais en plaisir de vivre, c'est-à-dire en plaisir non calculé. Le Sternberg de soixante-douze ans qu'on voit désabusé dans l'interview des *Cinéastes de notre temps* fait bien soupçonner à quel point il a été affecté par une aventure commune où, bon gré mal gré, il s'est, durant plus de cinq années, totalement engagé.

Curieusement, c'est la Marlene de moins de vingt-huit ans du test de *Der blaue Engel* qui prouve le mieux en quoi elle non plus n'en est pas sortie intacte.

Devant l'opposition unanime, Pommer soutient Sternberg dans son choix, et il devra sans doute aussi le défendre en son absence après l'achèvement, fin janvier 1930, d'un tournage d'une dizaine de semaines, au cours desquelles Riza Royce a quitté Berlin avec fracas. Par la suite, Marlene déclarera étourdiment à la presse que la mésentente n'a rien à voir avec elle, étant donné que « monsieur von Sternberg » voulait de toute façon la séparation — maladroite indiscrétion qui sera une pièce à charge dans une procédure pour « détournement d'affection ». D'un autre côté, si le cinéaste prêté par la Paramount est retourné aux États-Unis aussitôt après le tournage, c'est sûrement pour préparer l'accueil de Marlene Dietrich, mais c'est aussi afin de ne pas augmenter les frais de dédommagement dus par la UFA pour le dépassement de son temps de congé.

Un gala de presse a lieu avant le départ de Sternberg. Dans ses *Mémoires*, Leni Riefenstahl raconte qu'il l'avait invitée à s'y rendre avec lui, mais : « Il vint me prier de lui pardonner s'il ne pouvait pas être mon cavalier pour ce bal : Marlene lui avait fait une scène en apprenant qu'il me montrerait à son bras, au point de le menacer de se suicider [29]. » Elle y va néanmoins, en compagnie de Pabst, le cinéaste de *Lulu*. Une photo, prise lors de cette soirée, la montre aux côtés d'une Marlene à l'allure, non pas suicidaire, mais éclatante de bonne humeur facétieuse, une pipe à la bouche, et d'Anna May Wong, qui deux ans plus tard sera une magnifique partenaire dans *Shanghai Express*. À l'égard de sa compatriote, qui bientôt se montrera si activement antinazie, on trouve dans Riefenstahl (que nous avons donc employée ici comme repoussoir de Dietrich) quelques autres échantillons de ces anecdotes fielleuses (dont est par ailleurs émaillé l'énorme dossier reconstitué par Maria Riva), mais qui en somme aident, en manière d'hommage, à considérer l'ampleur du personnage sous toutes ses facettes humaines : ne dit-on pas qu'au moment d'être filmée chantant *« Ich bin von Kopf bis Fuss… »*, en décroisant les jambes pour sa fameuse posture sur le célèbre tonneau, Marlene se serait fait violemment rappeler à l'ordre par Sternberg, la traitant de cochonne (*« Don't behave like a swine ! »*), parce qu'elle aurait laissé entrebâiller sa culotte sur ses poils pubiens.

Un fois « bouclé », le film est projeté devant Hugenberg, qui fait annuler la première prévue en février, afin de forcer Pommer à opérer des changements antisubversifs et moralisateurs. Pommer paraît en définitive avoir eu gain de cause, car Sternberg lui rend un hommage appuyé, non seulement pour avoir d'abord soutenu son choix pour Lola, mais pour avoir ensuite strictement respecté son montage final. La première a enfin lieu le 1er avril, au Gloria-Palast. Marlene, déjà enrôlée par Schulberg comme vedette européenne à exploiter aux États-Unis, est aussitôt confirmée dans sa gloire par le triomphe que lui fait le public en l'absence de son « créateur ». Quant aux dithyrambes de la presse, elle n'en aura connaissance qu'en mer, car aussitôt après les saluts elle prend le train pour aller embarquer sur le *Bremen*, à destination de New York.

L'accord de 5 000 dollars qu'elle avait contracté pour *Der blaue Engel* comportait une option de préférence que la UFA, préoccupée seulement par la signification morale et nationale de la déchéance d'Unrat, n'a pas retenue. Dietrich a donc été libre de signer, fin février, le contrat que la Paramount lui a proposé, et que Rudi et « Jo », devenus complices dévoués au service de la carrière qui s'annonce, ont fait modifier pour la convaincre : car après tout, abnégation pour abnégation, c'est elle qui paiera de sa personne pour la suite de l'œuvre de Jo, et pour le confort matériel de Rudi et de Tamara ; et elle redoute naturellement de laisser derrière elle, au bénéfice d'un pays et d'une vie qu'elle ne connaît pas, Berlin et sa famille, surtout Maria, qui a cinq ans à peine.

Sur leur insistance (Jo prétendra lui avoir lancé, avant de quitter Berlin, un ultimatum brutal, contre lequel elle aurait réagi avec fureur, à juste titre, reconnaît-il), elle accepte finalement un engagement, non pas pour sept ans, mais pour deux films, tournés par nul autre évidemment que Sternberg, avec la garantie d'un minimum de 1 250 dollars par semaine, et la possibilité de quitter la Paramount après le premier film, si elle a des raisons personnelles de le faire, mais à condition de ne pas signer avec un autre studio. « Les Américains ne connaissaient pas le sens de l'honneur qu'ont les Allemands, car jamais je n'aurais fait une chose aussi méprisable [30] », commentera-t-elle d'une façon curieusement impersonnelle.

Tournée simultanément, en prises de vues quasiment alternées avec celles de la version allemande, la version en anglais, *The Blue Angel*, sort aux États-Unis le 5 décembre 1930, un mois après la première, à New York, de *Morocco*. Dans cette variante de pure utilité, menée avec virtuosité, mais maintenant simple curiosité, et qui d'ailleurs n'eut alors qu'un succès modéré, Lola Lola est censée être d'origine américaine, et c'est ce qui justifie que Rath soit professeur d'anglais et qu'il parle avec elle cette langue que Jannings n'a pas su maîtriser suffisamment pour un *talkie* hollywoodien. Ainsi s'est trouvée introduite la scène burlesque, en classe, où Rath montre la bonne façon de zozoter l'article défini, l'impossible *the*, avec crayon en bouche et projection de postillons. Et c'est là, en somme, la seule conséquence novatrice d'un artifice de circonstance, l'obligation d'atteindre le public des États-Unis, hormis naturellement le fait futur que ce soit dans leurs *lyrics* anglais que Marlene Dietrich ait, trente ans plus tard, repris sur scène, partout dans le monde, ses envoûtants ou cocasses hymnes fondateurs.

Morocco et Agent X 27

En 1927 paraissait *Amy Jolly, die Frau aus Marrakesch*, roman sentimental qui raconte les aventures d'une prostituée parisienne droguée, allant se produire comme chanteuse au Maroc, où elle trouve un riche protecteur et tombe amoureuse d'un légionnaire. Marlene avait rencontré l'auteur, Benno Vigny (de son vrai nom Benoit Weinfeld, 1889-1965), lequel sans doute lui a aussitôt donné à lire cette *Amy Jolly* d'inspiration plus ou moins autobiographique, dont d'ailleurs il cherchait à vendre les droits (d'abord achetés par la compagnie Fellner & Somlo et pour l'actrice Lily Damita). Trois ans plus tard, elle en offre un exemplaire à Sternberg, comme cadeau de voyage, quand, ayant achevé *Der blaue Engel*, il s'embarque sur le *Bremen* pour rejoindre la Paramount. Et il décide de l'adapter pour le lancement américain de Dietrich. Apprenant cela, elle proteste, écrira-t-il, en déclarant que cette histoire de chanteuse et de légionnaire est de la *schwache limonade*, une limonade insipide. Il lui donne raison, mais il explique : « J'avais délibérément choisi un thème qui était visuel et n'exigeait pas de se soumettre à une cascade de mots[1]. » Bien sûr, il a également des arrière-pensées morales ; l'une, en quelque sorte féministe, qu'il précise : « Je me dis qu'il y avait une sorte de légion étrangère de femmes, cachant elles aussi leurs blessures derrière une fausse identité[2] », et une autre, allégorique de sa situation personnelle avec Marlene, qu'il ne formule pas dans ses *Mémoires*, mais qui, à l'écran, est incarnée par Adolphe Menjou.

S'il est sûrement abusif de prétendre que la seule trace restante du nom de Heinrich Mann est inscrite dans les cuisses nues de Lola Lola, il est sans doute justifié d'affirmer que le souvenir du séducteur Benoit Weinfeld subsiste uniquement parce que son nom de plume figure au générique de *Morocco*. Cependant, puisque nous tentons de démêler la trame des coïncidences, signalons un bout de fil annexe mais pittoresque. En 1920, « Benno Vigny » avait épousé une Narbonnaise déjà mère d'un futur « fou chantant » dont Dietrich, trente ans plus tard, allait régulièrement interpréter sur scène la célèbre version anglaise (*I Wish You Love*) d'une des plus heureuses compositions (*Que reste-t-il de nos amours*, datant de 1942). Au moment de la parution d'*Amy Jolly*, Charles Trenet avait quatorze ans et il rejoignait à Berlin sa mère remariée.

Marlene Dietrich débarque à New York le 9 avril 1930, après huit jours de traversée houleuse, en compagnie de « Resi », son habilleuse. Elle pose dans la journée pour un photographe (Irving Chid-

noff), et échappe le soir aux avances d'un repré-
sentant de la Paramount (Walter Wanger), qui
l'a entraînée en tête à tête dans un *speakeasy* (un
bar clandestin, en cette période de récession et
de prohibition). Prévenu, Sternberg lui conseille,
c'est-à-dire lui ordonne, de prendre aussitôt un
train pour Los Angeles. Il ira la retrouver à mi-che-
min. Il est doublement inquiet et furieux, à cause
des avances, et à cause des photos. S'il s'agit des
photos, nous pouvons juger pourquoi, Marlene
les ayant conservées et distribuées autour d'elle,
alors qu'il en a réclamé la destruction. Chidnoff
fait de la jolie recrue allemande quelques charmants portraits à l'américaine (selon l'époque),
où il s'efforce, avec un certain bonheur, d'adoucir
et de régulariser les traits du modèle : arrondir la
mâchoire, estomper les pommettes, rapetisser le
nez, aplatir le front, vider le regard.

C'est évidemment tout le contraire de la drama-
tisation paysagiste d'ombre et de lumière, de lacs
et de nuages, de monts et de vallées, que Sternberg
a l'intention d'obtenir ; mais c'est d'abord une
inadmissible entrave à l'exclusivité, qu'il a exigée,
sur la construction hollywoodienne d'un visage à
la fois conforme et nouveau, imprévisible et aussitôt codé comme *star*. Ce privilège, il va l'exercer
avec la contribution inventive et bien entendu passionnée de Dietrich elle-même, ainsi qu'avec la
collaboration docile de remarquables chefs opéra-
teurs (Lee Garmes, Bert Glennon), de photographes de plateau (Eugene Robert Richee, Don
English, William Walling), à quoi s'ajoutent les

savoir-faire d'une intelligente maquilleuse (Dotty Ponedel) et d'un costumier de génie (Travis Banton). Quant à une exclusivité sur la personne, une satisfaction totale de la volonté de possession, elle est consciemment hors de question (l'inconscient tient un autre raisonnement et inspire d'autres histoires). Sternberg estime que la vie privée de Dietrich ne peut être son affaire, à lui, que par contrecoup, dans la mesure où, l'ayant fait venir, il est matériellement, professionnellement, humainement responsable d'elle en Amérique. C'est du moins ce qu'elle ne manquera pas de lui rappeler durant cinq années, chaque fois qu'il tentera, en vain, de prendre des distances, devant des frasques qui provoquent en lui des souffrances qu'il convertit en actes d'exaspération, de dureté vengeresse et, par-dessus tout, de création fascinante.

Marlene prend donc un train pour Hollywood, « Jo » la rejoint à Albuquerque et ils arrivent tous deux à Pasadena le 13 avril. Il lui fait ouvrir un compte en banque, avec une provision de 10 000 dollars, en lui montrant comment rédiger un chèque (elle en adresse aussitôt un de 1 000 dollars à Rudi) ; il lui procure une Rolls-Royce verte, qui figurera dans *Morocco* ; et il l'installe tout près de chez lui, c'est-à-dire de l'endroit où il vit avec Riza Royce (la rivale de cabaret brune, aigre et envieuse de *Blonde Venus* aura un surnom aussi cocassement « automobile » : Taxi Belle Hooper). La situation devient évidemment intenable. Le 11 mai, il expulse sa femme. Elle entame une procédure de divorce pour cruauté mentale.

Dans le même temps, Sternberg décide de tourner un *trailer*, une bande-annonce, pour lancer le produit Marlene Dietrich : elle y apparaît en frac, papillon blanc et chapeau haut de forme, telle qu'elle s'était montrée et qu'il avait su la voir dans un bal à Berlin.

La tenue de soirée masculine lui seyait avec beaucoup de charme, et je voulais non seulement mettre un léger accent lesbien [...], mais aussi démontrer que son attrait sensuel n'était pas entièrement dû au galbe classique de ses jambes. [...] J'essuyai une tempête de protestations. Les responsables du studio jurèrent par tout ce qui était sacré que leurs épouses ne portaient rien d'autre que des jupes, et l'un d'eux alla jusqu'à prétendre qu'un pantalon ne pouvait pas tenir sur une femme[3].

C'est à ce moment-là sans doute qu'a surgi l'idée magistrale d'ajouter les huées du public à l'apparition en frac d'Amy Jolly. C'est en tout cas pour nous l'occasion de remarquer, en passant, que les absurdes réticences puritaines, une fois amadouées, laissent libre cours à des audaces plus ou moins cryptées, mais qui seraient impossibles dans un terreau de complicités grivoises. À quoi cela tient-il ? Peut-être au fait que la convivialité intellectuelle, la promiscuité dans les mœurs, excluent la transgression, comme dénuée de sens et de nécessité, alors que le rigorisme obtus non seulement la provoque, cette transgression, mais surtout la réclame, quelle qu'elle soit, parce qu'elle le justifie, qu'elle le définit même. Dietrich de son côté est ravie. Elle envoie aussitôt à Rudi, Maria et Tamara une photo de son *trailer*, où elle inscrit : « *Vati* (papa) *Marlene.* »

Bref, Sternberg lutte pour le frac ostensiblement transgresseur d'Amy Jolly, mais aussi pour le choix secrètement mimétique d'Adolphe Menjou dans le rôle de La Bessière, et là aussi il a gain de cause. L'engagement du légionnaire Tom Brown suscite moins de réserve : « Gary Cooper fut considéré comme suffisamment inoffensif pour ne pas causer de tort au film[4]. » La seule difficulté avec Cooper, peut-être, mais qui est une garantie pour la jalousie de Sternberg, c'est la féroce possessivité de sa maîtresse, l'actrice mexicaine Lupe Velez qui, entre les prises de vues, reste vissée sur ses genoux et jure d'arracher les yeux à Marlene si elle s'approche trop de lui. Dans la séquence du cabaret, la Marocaine à qui Brown a donné rendez-vous, et qui se colle à lui, n'est pas la dernière à huer Amy Jolly, qu'il dévore aussitôt des yeux.

VHS et DVD font qu'aujourd'hui nous pouvons désosser, triturer, décortiquer dans la solitude notre perception d'un film originellement destiné à captiver, sur un immense écran, avec toute une préparation rituelle de spectacles annexes, une salle de plusieurs centaines, et même, dans les métropoles, de plusieurs milliers, de personnes ; nous pouvons le feuilleter comme un livre, le contempler comme un tableau, l'analyser comme une partition ou, du moins, comme un disque dont on repasse interminablement les mêmes passages saisissants, afin de mieux les comprendre et mieux les admirer ; et ainsi, d'une certaine manière, et à la mesure bien sûr de nos propres capacités, nous nous trouvons dans les conditions de la salle de montage et de mixage où certains cinéastes, peu nombreux paraît-il à le faire eux-mêmes à l'époque classique de Hollywood, donnaient à leur œuvre sa forme véritable, laquelle restait peut-être dissimulée sous le déroulement de la toile gigantesque qui hypnotisait les énormes publics. Sternberg en tout cas, comme sûrement Marlene aussi, qui était présente auprès de lui durant les longues séances de montage, prétendait faire peu de cas de la forme hypnotique, et souhaitait que ses films puissent être jugés dans leur forme analytique et, pour cela, être par exemple projetés à l'envers.

Le paradoxe, c'est que cette possibilité, qui nous est donc désormais ouverte, nous en profitons, non pas pour nous arracher froidement à une hypnose, mais au contraire pour nous plonger plus profondément dans les énigmes et les torpeurs de la fascination. En somme, c'est pour mieux nous hypnotiser que les films de Sternberg, et par conséquent Marlene Dietrich en tant qu'œuvre en soi, tiennent à nous signaler leurs propres artifices et nous invitent à bien les examiner : aspirés par la spirale interprétative, nous sommes encore plus intimement pris au piège d'images dont la séduction, en surface, était un leurre pour les foules.

En réalité, ce que nous devrions citer ici textuellement, ou plutôt visuellement, ce sont des images, des séquences, au lieu d'être réduits à les évoquer tant bien que mal par des phrases et des mots : bref, il faudrait proposer un film d'extraits commentés, à la place d'un livre. Or un tel film a existé, et c'est Dietrich elle-même qui l'a conçu, n'ayant rien perdu des nuits passées avec Sternberg à monter et à mixer son propre aspect déjà si longuement élaboré avec Travis Banton. L'occasion était, au printemps 1959, un hommage que lui rendait le musée d'Art moderne de New York, le premier jamais consacré à une actrice. La carrière de la « légende » se poursuivait dans des récitals, mais elle s'achevait à l'écran, avec, entre autres, l'année précédente, une brève apparition, saisissante et même cruciale, dans un chef-d'œuvre d'Orson Welles, *Touch of Evil*.

Ce montage n'est pas disponible et peut-être a-t-il été détruit. Si c'est le cas, nous pouvons le déplorer extrêmement. Car ce florilège, tel que nous nous le figurons d'après tout ce que nous avons cent fois vu et revu, était nécessairement une *véritable* biographie de Marlene Dietrich : un exposé de jalons indubitables, prouvés, enregistrés, et non pas supputés, dans la part de sa vie qui est fondamentalement la première des raisons pour lesquelles on entreprend de la raconter. Voici comment elle-même l'évoque : « Choisissant d'instinct des scènes qui, au lieu de s'imbriquer comme les pièces d'un puzzle, contrastaient les unes avec les autres [...]. Je dois dire que ce film était excellent ; je regrette de ne pas en avoir conservé une copie, ou un synopsis [5]. » L'ensemble, d'après elle, contredisait « l'opinion répandue, selon laquelle je suis toujours la même créature immobile regardant par-dessus son épaule gauche, le visage caché derrière de multiples voilettes, insensible à la moindre émotion, ne voyant rien ni personne en dehors de la caméra[6]. »

Bien plus frappant encore est ce qu'elle a déclaré en guise de présentation, autre preuve marquante de son étonnante capacité d'adaptation pour captiver chaque type de public, celui-ci, en l'occurrence, étant manifestement intellectuel :

Merci. Je ne vous demande pas qui vous applaudissez : la légende, la chanteuse, ou moi. Pour ma part, j'ai aimé la légende. Non pas qu'elle ait été facile à vivre... mais je l'aimais. Peut-être parce que je me sentais privilégiée de participer de si près à sa création. Je n'ai jamais eu aucune ambition de devenir ou d'être une star de cinéma, mais la fascination que ce processus créatif opérait sur moi me donna l'envie de travailler et de travailler très dur pour plaire à Mr von Sternberg. [...] La légende m'a bien servie, et j'ose dire qu'elle a bien servi tous les autres cinéastes qui ont pris la suite après qu'il eut décidé que je devais continuer seule[7].

Apprenant cela, Sternberg s'emporte et ricane :

Cette prétendue «découverte», lors d'une récente rétrospective de «ses» films... etc. [...] où que ce soit, elle brandit l'étendard de sa dette envers moi, m'inclut dans son jeu, et, comme peu de gens sont familiers avec les fonctions même les plus élémentaires d'un cinéaste, elle a presque réussi à faire de moi un attribut secondaire. Son constant éloge est mis au rang de ses admirables vertus — par les autres, pas par moi. Elle n'a jamais cessé de clamer que je lui avais tout appris. Parmi les nombreuses choses que je ne lui ai pas apprises, se trouve le fait de se montrer si bavarde à mon sujet[8].

Et pourtant... pourtant, cet hommage du MOMA, contre lequel il fulmine, fut l'occasion de la découverte, très véritable celle-là, d'un éblouissant et très intime chef-d'œuvre, magistrale démonstration aussi d'ultime stylisation dans la direction du jeu de Dietrich, que pratiquement personne n'avait vu depuis son tournage alors vieux de vingt-quatre ans, et dont Marlene fit projeter sa copie personnelle : le film après lequel il avait « décidé » qu'elle devait « continuer seule », *The Devil Is a Woman*.

Ce fut sûrement une révélation, qui ouvrit ainsi une période décisive de réévalution de l'œuvre de « Jo ». Le film maudit fut présenté dès l'été suivant à la Biennale de Venise (qui, ironiquement, comportait aussi un hommage à Leni Riefenstahl). On peut sans grand risque supposer que Luchino Visconti était présent, et qu'il fut vivement frappé par cette « implacable incursion dans le style », et dans les méandres de la cruauté mentale. C'est en tout cas au sujet de ce produit ultime que, dans une série d'entretiens radiophoniques qu'elle accorda en 1963, chez elle, à Paris, à André Parinaud et Paul Giannoli, Marlene évoque son amitié avec Visconti. Alors qu'il est souffrant, elle lui demande quel cadeau lui ferait le plus plaisir. Il répond : une copie de *La Femme et le Pantin*. Ce fut en été 1956, à Rome, où elle tournait un film inepte (*The Monte Carlo Story*, avec pour partenaire Vittorio De Sica), que Dietrich noua avec Visconti une de ces amitiés admiratives, distantes et amoureuses qu'elle a durant sa carrière voulu entretenir avec toutes sortes d'hommes et de femmes d'exception.

En 1930, cependant, *Morocco* eut aussitôt l'impact visé, et dans le monde entier. Une première séquence « virile », blanchie et séchée par le soleil, une troupe de légionnaires revenant du désert, des prostituées autochtones qui les aguichent, l'appel du muezzin, la prière vers La Mecque en une souple chorégraphie de burnous zébrés par les ombres noires d'un treillage, c'est le Maroc avant l'arrivée d'Amy Jolly, et c'est aussi Hollywood dans l'attente de Dietrich. Ensuite, un port dans les ténèbres, une corne de brume, un pont de navire, un passager élégant, moustachu et de petite taille, parmi les indigènes, une femme émergeant de l'Europe, de l'Allemagne, de tout le froid et l'humide associé au féminin, marchant droit devant elle, le regard dans le vague, sa valise qui s'ouvre, répandant sur le sol les pauvres dépouilles de son existence, La Bessière qui se précipite pour les ramasser, Dietrich qui tourne en effet de profil, par-dessus son épaule, son visage masqué par une voilette, et l'on remarque déjà une nouveauté appliquée par Hollywood, de très longs faux-cils recourbés qui débordent largement du coin de ses paupières pour allonger son regard, puis elle refuse l'aide future que lui offre Adolphe Menjou, en déclarant qu'elle n'en aura pas besoin. (La prononciation du mot anglais, « *help* », a été, selon les souvenirs de Sternberg comme de Dietrich, qui s'étendent curieusement dessus, le prétexte à une sorte de violent psychodrame où chacun affirme son rôle, dominateur ou dominé, la distinction étant floue et réversible.)

Et le magistral processus de création mythique se poursuit. Un cabaret tumultueux, un public de toutes races et de toutes castes, La Bessière à l'aise avec chacun, Tom Brown restant relégué dans les places à bon marché, Amy Jolly apparaissant en frac sous les huées, son regard de froid dédain, en un long gros plan qui immobilise le temps, dans les fumées de sa cigarette (« la plus jolie créature que j'aie jamais vue », constatera paraît-il Marlene), le calme qui se rétablit, la coupe de champagne qu'elle accepte d'une table, l'œillet qu'elle prend à la chevelure d'une élégante, le baiser qu'elle pose sur les lèvres de cette élégante, l'œillet jeté à Gary Cooper, la première chanson où elle déclare, en un français assez bizarrement ouvert et scandé, que « lorsque tout est fini, quand se meurt votre beau rêve, pourquoi pleurer les jours enfuis, regretter les songes partis ? » — puis sa réapparition en Ève qui propose ses pommes, les jambes nues, avec sur les épaules un serpent de plumes… Une version initiale du scénario voulait, dit-on, qu'Amy Jolly mette aux enchères la clef de sa loge. Le studio aurait refusé l'audace, inspirant ainsi une plus subtile transgression, la vente des pommes de l'Éden, et la clef glissée secrètement dans la main de Brown : « Prenez votre monnaie, soldat. »

Pour la promotion du produit Marlene Dietrich, Sternberg déclara que les idées de la scène du cabaret, la meilleure du film, venaient entièrement d'elle. Affirmant même devant une assemblée de femmes journalistes : « Et en plus de tout cela, elle possède cet attribut rare parmi les femmes : un cerveau[9]. » Phrase qui provoqua, on peut s'en douter, un tollé dans les magazines féminins. Sternberg n'hésitant pas à aggraver son cas par la manière dont il s'en est repenti dans ses Mémoires : « Je n'étais nullement qualifié pour faire une pareille déclaration, connaissant peu de femmes et très peu de chose sur cette partie de l'anatomie féminine [10]. »

Marlene « visionnant » *Morocco* n'y regardait et n'y voyait apparemment que Dietrich, mais nous sommes moins exclusifs qu'elle et, dans les trois séquences « clefs de voûte » qui donnent le sens du film, sens profond dont naturellement elle est la gardienne et l'incarnation, nous observons aussi de près Adolphe Menjou, c'est-à-dire Sternberg lui-même, inscrit en une sorte d'anamorphose. La deuxième de ces séquences cruciales est le repas de fiançailles, interrompu par un bruit de tambours qui annonce que les légionnaires rentrent du combat. Marlene se dresse soudain, avec des regards d'animal aux abois, plus rien n'existe autour d'elle en face de sa passion pour Brown, elle veut courir aux nouvelles : à ce moment-là, le collier que lui a offert La Bessière s'accroche comme une dernière chaîne au dossier de sa chaise, mais il se rompt, et les perles ayant perdu leur pouvoir se répandent sur le sol. Le fiancé trahi se justifie alors, avec un sourire navré, devant ses invités gênés, en un aveu transparent de Sternberg lui-même : « *You see, I love her...* » « Voyez-vous, je l'aime... Je ferais n'importe quoi pour la rendre heureuse. »

La Bessière est cependant montré non pas souriant, mais douloureusement anéanti, dans l'extraordinaire dernière séquence où, ne pouvant plus rien faire, il est irrémédiablement abandonné : troisième clef de voûte, dont la poignante sobriété, en face d'un avenir de rupture, désertique et inconnu, sur un bruitage de sifflement de vent, n'a peut-être d'équivalent que dans le finale d'un film très différemment mais également prodigieux, tourné quarante ans plus tard, le *Satyricon* (1968) de Federico Fellini. Notre système, en tout cas, privilégie cette sorte d'équivalence secrète dans le grand style, même si la vie « réelle » opère un autre type de rapprochement. Car un film plus immédiatement proche, avec ses évocations d'amours torrides en Afrique du Nord, c'est le remarquable *Pépé le Moko* de Julien Duvivier, datant de 1937. Et, en y appréciant les éclatantes vertus du réalisme français, on devine aisément en quoi Jean Gabin, plus que vraisemblable à l'écran pour captiver la forte personnalité de la belle Mireille Balin, a pu ensuite être pour Dietrich, dans la vie, un partenaire nettement plus plausible que le timide et improbable Gary Cooper.

Certains rient, paraît-il, en voyant Dietrich baiser la main de Menjou avant de suivre Cooper dans le désert, en chaussures à talons hauts, qu'elle jette dans le sable. Libre à eux. Mais le plan de ces souliers abandonnés, idée semble-t-il de Marlene, l'attente « en temps réel » de la disparition de la silhouette d'Amy Jolly derrière la crête des dunes, et le prolongement des sifflements du vent sur le sigle conclusif de la Paramount, figurent parmi les plus arrogantes affirmations de soi d'un artiste qui manipule un système commercial pour tenter d'exorciser ses propres démons. Si elle n'a pas regardé ni même vu ses partenaires, Marlene a bien entendu été extrêmement attentive aux tourments de « Jo », sur lesquels elle pouvait à la fois tout et rien : « Il redoutait le jour où je deviendrais peut-être une vedette, ou une femme fascinée par son image[11]. » Or, ce jour-là était justement le but de l'entreprise commune. Et comment donc satisfaire une possessivité en contribuant à élaborer un produit qui s'offrait aux multitudes ? Quoi qu'il en soit, la force artistique d'une œuvre tient toujours à la valeur intérieure de l'enjeu, c'est-à-dire à la quantité d'engagement personnel de l'artiste.

Marlene avait une petite poupée fétiche noire aux cheveux crépus, qu'elle a gardée jusqu'à sa mort, et qui figure en évidence dans *L'Ange bleu*, où elle attendrit Unrat quand il se réveille pour la première fois dans la chambre de Lola. Ce fétiche se trouve aussi dans la loge d'Amy Jolly, où il est cette fois-ci montré en un bref gros plan à côté d'une poupée chinoise, cadeau de Sternberg. Le fétiche chinois reparaît, moins en évidence, sur le lit de l'Agent X 27, et seul, cette fois-ci, sans la compagnie du fétiche africain. Jouons à interpréter ce transfert comme une affirmation et non pas comme un abandon : Jo, dans la vie, redoute tellement de perdre Marlene qu'il veut exorciser sa peur dès leur première collaboration hollywoo-dienne ; cependant, dans l'œuvre, ce que les « films de Dietrich » tendent à éliminer, c'est, non pas Sternberg (le Chinois usurpateur), mais Marlene (la naïve Africaine).

Cette affirmation de soi face à Marlene Dietrich

devient à l'occasion excessive, et quasiment paranoïaque, dans *Fun in a chinese Laundry* : « Aucune marionnette dans l'histoire du monde n'a été soumise à autant de manipulation qu'une de mes vedettes qui, en sept films, a eu sous un contrôle autre que le sien non seulement ses gestes et sa voix, mais l'expression de ses yeux et la nature de ses pensées[12]. » Cette revendication est sans doute une attitude d'autodéfense de la part d'un homme sensible, susceptible et introverti, devant le danger dialectique de la domination et de la soumission. Le cinéaste domine, mais grâce à sa capacité d'effacement de soi devant son propre regard, captif de l'égocentrisme de l'actrice. Et l'actrice est soumise, mais en raison de son délire égocentrique enflammé par le regard du cinéaste. Car le but est de concentrer sur soi l'adoration du public. Sternberg d'ailleurs s'interroge : « Comment une créature mortelle peut-elle concilier la plus folle adulation avec une soumission apparemment cruelle mais indispensable pour obtenir cette admiration[13] ? » L'explication, peut-être, est que cette créature a un tempérament d'acier.

Quoi qu'il en soit de ces considérations rétrospectives de « Jo », la première Dietrich telle qu'il l'a amoureusement conçue, c'est-à-dire jusqu'à *The Scarlet Empress*, est, beauté décisive mise à part, une femme revenue de tout, qui a souffert, mais qui reste totalement ouverte à l'amour, où elle se montre déterminée, intègre et absolue, tout en restant généreuse, franche et loyale dans ses amitiés, attachements, affections, même et surtout quand elle s'en éloigne pour obéir aux règlements égocentriques de la passion. En face de cette créature ennoblie par la force de son tempérament, les hommes, même sur leurs gardes, sont... comment dire?... effacés et consentants, quand ils ne sont pas féminisés comme l'est le très charmant légionnaire Brown honoré par l'œillet d'Amy Jolly costumée en frac.

Il se trouve que la véritable Amy Jolly a existé, et qu'à la suite de la sortie de *Morocco*, qu'elle a vu sous le titre français grotesque de *Cœurs brûlés*, elle a écrit, en un français châtié et élaboré, à Marlene Dietrich. « Agadir, 23 septembre 1932. Madame, Si cette lettre vous parvient votre étonnement sera peut-être grand d'y voir figurer le nom d'Amy Jolly. C'est que ce nom est le mien, et que la triste amoureuse qui fut représentée par vous dans *Cœurs brûlés* n'est autre que moi-même. » Et puis : « Indignée de voir mes pauvres souvenirs jetés en pâture à la foule et après la traduction qu'on me fit du livre, encore plus indignée j'écrivis à Benno Vigny, par l'intermédiaire de la société des auteurs. » Et enfin : « J'ai monté une petite pension de famille car le métier de pianiste (que j'avais lorsque ma voix disparut) ne pouvait plus me nourrir. Mais sans un peu d'argent je ne puis continuer car le matériel, si modeste soit-il, coûte cher, et confiante en Benno j'avais pris tout à crédit. De sorte que ce que je croyais un abri pour mes vieux jours va devenir pour moi la ruine complète si une main secourable ne se tend pas vers moi. Voulez-vous être le cœur qui guidera cette main et ne fût-ce qu'en souvenir de celle dont la triste vie fut pour vous, l'Étoile, une cause de succès [14] ? »

Apitoyée, la généreuse Dietrich envoie un mandat de 2 450 francs. La réponse, du 30 octobre, est : « Vous me sauvez plus que la vie en me tendant une main secourable et un cœur compréhensif et comme toute bonne action porte en soi sa récompense peut-être qu'aux heures sombres (qui n'en a pas ?) le souvenir de votre geste fraternel ramènera un sourire apaisé sur votre joli visage que je ne connais hélas que par l'écran. » Marlene cependant tâche de se renseigner, par l'intermédiaire d'un ami, Charles Graves, lequel découvre sur place que la « petite pension de famille » que la véritable Amy Jolly tient à Agadir est un bordel de petites filles de huit ou neuf ans pour légionnaires en permission.

Morocco est tourné en juillet et en août 1930, et la première a lieu à New York le 14 novembre, alors que n'est pas encore achevé le tournage du film suivant, commencé en octobre. L'enjeu extérieur de *Dishonored* (ainsi intitulé par le studio malgré les protestations de Sternberg, lui-même auteur du scénario : « cette dame espionne est non pas déshonorée, mais fusillée ») était le contrat initial de Dietrich, prévoyant deux films ; mais s'il faut à toute force désigner un enjeu intime, psychique, dans *Agent X 27* (cette fois, c'est le titre français qui est le plus sensé), mettons que ce soit le désir de raviver et de transmuer les rêveries inspirées à un adolescent vagabond, vers 1908, par les *streetwalkers*, les prostituées, de Vienne.

À un léger décalage temporel près, puisque l'aventure se déroule durant la Grande Guerre (occasion aussi d'un enjeu moral, et antimilitariste), mais surtout dans un style délibérément intemporel, Marlene revêt donc pour les rêves anciens de Sternberg diverses tenues de « professionnelles » ; d'abord un tailleur voyant bordé de plumes, qu'elle promène dans les rues ; puis quelques travestissements pour des intimités plus spécialisées, dont pourrait rêver un jeune garçon qui l'aurait vue passer sans l'approcher : combinaison d'aviateur en cuir moulant tout le corps ; entassement de jupons d'une paysanne russe aux tresses niaises et aux yeux ronds ; tunique noire lamée dévoilant des jambes nues, avec grande cape scintillante, bottes courtes, gants montants et casque à visière basse d'où jaillit une très haute et très longue crinière, qui ne découvre que le sourire éclatant — « zoophilie » allégorique se répétant ailleurs dans le film, un peu sottement, en un gros plan qui rapproche les beaux yeux de l'espionne de ceux de son chat angora. Mais, soit : cet angora noir a aussi une fonction narrative. Le destin de l'Agent X 27, si elle avait fui en Afrique du Nord au lieu d'être exécutée, aurait pu être le sort antérieur d'Amy Jolly. Le parti pris visuel en tout cas semble être de faire constamment flotter les brumes obscures d'où émergeait, sur le pont d'un navire, la fugitive qui refusait par principe désespéré l'aide courtoise d'Adolphe Menjou.

Quant aux clefs de voûte, ou zones d'envol structurel... Eh bien lisons, « par exemple » (mais exemple suprêmement instructif), de quelle façon Sergueï Mikhaïlovitch Eisenstein évoque, incidemment, dans un carnet tenu en 1946, la scène finale de *Dishonored*. Il se souvient d'avoir traversé le bois de Vincennes (en février 1930, pour aller sur les lieux de tournage d'un film d'Abel Gance, *La Fin du monde*). Et les idées s'enchaînent : « Mata Hari fusillée dans la cour du château de Vincennes, bien sûr tout le monde s'en souvient. Marlene Dietrich, dans ce rôle, se mettra de la poudre en regardant son reflet dans la lame de l'épée du jeune officier qui commande son exécution (somptueuse trouvaille de von Sternberg, si convaincant dans ses tableaux de la grossièreté de la vie, et tellement piteux dans ses efforts esthétisants !) [15]. »

En 1946, Eisenstein tournait la deuxième partie d'*Ivan le Terrible*. Vingt ans plus tard, Henri Langlois, projetant à la Cinémathèque *The Scarlet Empress*, envoyait un télégramme admiratif à Sternberg, en déclarant qu'on y trouvait déjà tout *Ivan*. Douze ans plus tôt, en 1934, quand sortait *L'Impératrice rouge*, Eisenstein n'avait pas encore tourné ses extraordinaires fresques historiques : *Alexandre Nevski* date de 1938. Mais, ce faisant, il traitait de l'histoire de son peuple et de son pays. Sur place, tout le monde savait de quoi il s'agissait, y compris les acteurs, les décorateurs, le génial Prokofiev, enfin toute l'équipe de tournage, et aussi le commanditaire, Staline. À Hollywood, pour diriger une reconstitution de la Russie impériale, Sternberg ne pouvait et ne voulait compter que sur sa propre imagination, et sur « ses efforts esthéti-

sants » ; qu'ils soient piteux ou non, leur cible centrale, de toute façon, est le visage de Dietrich,
dont la plus grande signification, captée dans un
moment prodigieux où le temps s'immobilise, se
trouve peuplée, pour ainsi dire, par tous les éléments du décor (et alors peut-être était-il nécessaire
que ces éléments tiennent davantage du cabaret
russe que de la cathédrale de Kazan).

Dans *Ivan*, on s'attarde sans doute, en passant,
au cours d'un flamboiement de couleurs (hélas
irrémédiablement délavées), sur la séduction érotique et la plaisanterie androgyne du jeune, brun et
vif Basmanov ; mais ce n'est qu'une inscription
en abyme dans la splendeur de l'ensemble, au
milieu du tourbillon viril de la danse étourdissante
des Oprichniks, et ce renversement de perspectives
fait toute la différence. Quand Sternberg, évoquant
les atrocités de la Russie tsariste, montre fugitivement des corps nus de femmes suppliciées, Eisenstein crucifie, devant Kazan assiégée, de jeunes
prisonniers Tatars, en des poses sensuellement
composées.

Cette petite anticipation digressive a pour prin-
cipale raison de rappeler à nouveau le véritable
niveau de l'enjeu. Une fois qu'on a admis que des
compromis circonstanciels définissent la base, on
constate que les divergences comme les conver-
gences se produisent au plus haut sommet, comme
ce fut le cas, mettons, dans un art moins équivoque,
il est vrai, entre Hector Berlioz et Richard Wagner.
Après le tournage de *Dishonored*, tandis que Marlene faisait une tournée en Europe pour renforcer

son triomphe personnel dans *Morocco*, Sternberg reprenait un projet que la Paramount avait proposé puis finalement retiré à Eisenstein, par crainte peut-être de trop d'intellectualisme, ou de trop de « socialisme ». Film mineur, inscrit en creux dans l'élan de la célébration de Dietrich, *An American Tragedy* (*Une tragédie américaine*), adapté du roman de Theodore Dreiser, est cependant une très émouvante réussite sternbergienne saturée de lumière miroitante et de doux fatalisme psychologique. Eisenstein continua de subir la méfiance de Hollywood, et ne parvint pas à achever *Que Viva Mexico!*. Ses railleries envers le plus libre et chanceux (pour la période Dietrich seulement) Sternberg ont sans doute pour cause ses déboires américains. Il avait rencontré « Jo » pour la première fois à Berlin, sur le plateau de tournage de *Der blaue Engel*. Et puis, l'année suivante : « De toutes vos grandes créations cinématographiques, *Morocco* est la plus magnifique. Admiration et affection[16] », lui a-t-il télégraphié, selon *Fun in a Chinese Laundry*, où, un peu plus loin, en revanche, on lit qu'il n'a eu que sarcasmes pour *Shanghai Express*. Mais c'était après les déconvenues de *An American Tragedy*.

Bref, Eisenstein, en l'occurrence, nous indique quoi admirer dans le finale de *Dishonored*, malgré quelques imprécisions de sa part, qu'il faut tâcher de rectifier. D'abord, il ne s'agit pas de Mata Hari. Pourtant il sait bien qui a incarné ce modèle de beauté immolée en période de carnage massif, puisqu'il note aussi : « C'est de façon plus sévère que se comportera la noire et svelte Greta Garbo, sur le chemin de la mort[17]. » Garbo dans *Mata Hari* (1931) était une riposte immédiate de la MGM à *Dishonored*, autant que Dietrich en X 27 était conçue par Sternberg, selon les critères de la Paramount, comme concurrente directe de « la divine » qui avait été une espionne russe dans *The Mysterious Lady* (1928). Et puis, autre erreur de « Serguei » : Marlene ne se met pas de la poudre devant la lame qui donnera le signal de sa mort, elle arrange sa voilette ; et elle sort son bâton de rouge en croyant être grâciée. Mais prenons l'arche structurelle dès le début.

Tout d'abord, on voit apparaître la montagne rituelle du sigle de la Paramount, avec, en fond sonore, un assez effroyable salmigondis musical concocté au détriment de Beethoven. Puis, un carton nous explique que nous sommes en 1915, et que « d'étranges personnages émergent de l'écroulement de l'Empire autrichien » ; et l'on entend un martèlement de tambours militaires, qui se transforme bientôt en un bruit de pluie sur des gouttières. L'image s'enchaîne alors sur un trottoir trempé, des jambes de femme cadrées en gros plan, un bas qui glisse, des mains qui le remontent jusqu'aux jarretelles.

L'arche sonore de la pluie battante se retrouvera à la fin, dans le roulement de tambour interminable qui retarde l'exécution de la prostituée devenue espionne. Par amour, elle a trahi sa mission, et, dans ce but, elle s'est en quelque sorte castrée. Moulée dans une combinaison de cuir, armée d'un revolver, elle tient à sa merci la vie de son amant. Elle prétend l'interroger, en tête à tête. Cela se passe dans la pénombre d'une petite salle d'aéroport militaire. À l'extérieur, dans un violent contre-jour, le ciel est sillonné par des lumières de projecteurs, semblables à des appels de la liberté. Assise devant le prisonnier, X 27 joue de son revolver comme d'un pénis entre ses jambes écartées. Feignant une maladresse, elle le fait volontairement tomber, afin que son amant s'en empare, et puisse prendre la fuite, dans les airs illuminés.

Cet acte d'abnégation va la conduire à la mort. Quand le tribunal prononce sa sentence, le tremblement de lèvres que Dietrich accomplit pour Sternberg, dans la lumière blafarde dont il la nimbe, témoigne d'un grand savoir-faire d'actrice. Dans sa cellule, elle réclame n'importe quelle tenue qu'elle portait « quand je servais mes compatriotes, au lieu de ma patrie ». Un jeune officier amoureux d'elle vient la chercher pour la conduire devant le peloton d'exécution. Elle lui demande un miroir. C'est à ce moment-là que se produit plus ou moins la « trouvaille somptueuse », selon Eisenstein. « Ceci peut faire l'affaire ? » lui demande le garçon en tendant son épée. Elle lui sourit, se regarde dans la lame, arrange sa voilette.

Suivent alors d'autres « trouvailles » plus « somptueuses » encore. X 27 se met docilement en place pour se faire fusiller. Le garçon lui montre un tissu noir : « Puis-je s'il vous plaît vous bander les yeux ? » Elle lui prend le bandeau des mains, s'en sert pour lui essuyer ses larmes, le lui rend et lui fait autoritairement signe d'aller rejoindre le peloton. Le garçon s'apprête donc à commander l'exécution. X 27 fait un signe de croix. Mais le garçon se fige et le roulement de tambour se prolonge d'une manière très implacable, et très cruelle. Durant ce supplice, Marlene offre à la caméra une expression extatique d'attente de la mort, d'une grande beauté.

Le garçon enfin jette son épée à terre en hurlant : « Je ne tuerai pas une femme. Je ne tuerai aucun homme non plus. Vous appelez ça une guerre ? J'appelle ça une boucherie ! Vous appelez ça servir son pays ? Vous appelez ça du patriotisme ? J'appelle ça du meurtre ! » X 27, croyant pathétiquement à un sursis, relève sa voilette, se remet du rouge à lèvres, remonte ses bas, comme si elle allait recommencer son premier métier, et les premiers plans du film. Des ricanements peuvent grincer dans la salle, comme devant le finale de *Morocco*. Mais, encore une fois : la force dialectique du pathos est justement de mêler le grotesque au sublime. Le garçon est remplacé. Le signal est donné. Le corps de Dietrich tombe convulsivement à terre, transpercé par les balles.

Shanghai Express et Blonde Venus

En décembre 1930, après huit mois d'absence, Marlene Dietrich revient à Berlin pour y passer quatre mois. Maria, qui a maintenant six ans, hésite à reconnaître sa mère « dans la dame mince et élégante qui venait d'entrer dans notre appartement[1] », se souviendra-t-elle soixante ans plus tard : « Il y avait une différence. Une autorité, une assurance nouvelles, comme si la reine s'était doublée d'un roi[2]. » Marlene a décidé de rentrer en Amérique avec sa fille, passant outre à l'opposition du studio. Les femmes mystérieuses ne sont pas censées avoir d'enfant ? Eh bien, Dietrich sera d'autant plus énigmatique qu'elle sera également une figure maternelle. Sternberg la photographiera en double portrait avec Maria. Un type nouveau de promotion est inauguré. Et Hollywood connaît alors, parmi les stars féminines, une épidémie d'adoptions.

En arrivant à New York, le 17 avril 1931, Marlene est interpellée, au débarquement du *Bremen*, par un huissier qui lui remet une sommation. Riza Royce von Sternberg, pourtant déjà divorcée, l'attaque en justice pour détournement d'affection et diffamation. L'objet du litige est une interview, évoquée plus haut, parue dans le *Neues Wiener Journal* du 9 décembre 1930. Marlene y déclare qu'elle n'est pour rien dans la mésentente de Sternberg et de sa femme, la séparation ayant été décidée longtemps avant le tournage de *Der blaue Engel*. Le 3 février 1932, la plaignante admettra, à l'amiable (amiable sûrement financé), que les propos de Dietrich ont été déformés. Le non-lieu ne sera déclaré qu'à la fin août, au cœur de la période turbulente du tournage de *Blonde Venus*.

Et il aura fallu entre-temps organiser une autre parade. En juillet 1931, on fait venir Rudi, pour mettre en scène et diffuser un portrait de famille modèle. Sur cette fameuse photo de groupe, en pied, dans la vive lumière de Californie, Maria, dans les bras de son père, grimace légèrement au soleil, entre Marlene et Rudi, tandis qu'on lui a indiqué de poser affectueusement ses petits bras écartés derrière le cou de ses parents. À la gauche de l'époux, accroché à son bras, en signe de solidarité, mais un peu aussi comme s'il voulait le tirer vers l'extérieur, se plante un homme de courte taille, qui prétend de cette manière démontrer qu'il n'est que l'ami, qu'il n'est pas l'amant. Le béret comme la moustache de Sternberg indiquent qu'il est surtout l'artiste. Visage bruni, doux et souriant, le mari est en costume blanc; Marlene, au visage plus pâle et plus dur, sous un chapeau mou, est en blazer sombre, chemise d'homme et cravate à pois, sur une jupe claire. Une fois accomplie sa mission de propagande, Rudi repart pour l'Allemagne, dès le 22 août, pour retrouver Tami. L'enfant comprend-elle ? Qu'ils comprennent ou non, les enfants enregistrent les faits mieux que quiconque, et déchiffrent à leur manière (« reine qui s'était doublée d'un roi ») leur très fidèle bande enregistrée.

Maria, en tout cas, s'estime arrivée au paradis, dans le luxe ostentatoire de la villa de Beverly Hills où Marlene a décidé de s'installer pour l'accueillir. « De telles splendeurs n'impressionnaient pas ma mère, qui considérait les accessoires de la richesse comme l'apanage naturel de la gloire[3]. » Pour la convenance, Jo fait mine, le matin, de venir de l'extérieur, et d'arriver pour le petit déjeuner ; mais l'enfant remarque que « certains matins, von Sternberg était remplacé par Maurice Chevalier[4] ». Quelques traces de « Maurice » seront dans l'avenir exhibées, comme par exemple un télégramme de rupture, en français, qu'il adresse à Marlene le 20 février 1933 : « Inutile de te déranger. Je ne veux même pas de ton amitié tout est absolument fini entre nous — stop — c'est d'ailleurs la meilleure chose qui puisse m'arriver[5]. » Ce papier bien sûr est aussitôt destiné à grossir les considérables archives, désormais trois cent mille feuillets dans la collection Dietrich de Berlin, parmi lesquels se trouvent enfouis les messages... comment dire ?... d'amour dialectique de Sternberg. Dans son Éden de fleurs et de palmiers, avec piscine, Maria assistera à bien d'autres séries semblables d'alternances, entrecroisements, substitutions, ruptures et remplacements.

« Il a troqué son style direct contre des extravagances, essentiellement appliquées aux jambes dans de la soie, et au postérieur en dentelles, de Dietrich, dont il a fait une suprême catin (*"paramount slut"* — il y a calembour en anglais). Sternberg, selon ses propres dires, est un homme de méditation autant que d'action ; mais au lieu de contempler le nombril de Bouddha sa persévérance ombilicale est fixée sur le nombril de Vénus. » Ces remarques faites avec grand sérieux touchent un point sensible, et elles résument bien, au fond, les sentiments (partagés par Eisenstein) des admirateurs des premiers films polémiques et sociaux de Sternberg, navrés par la période Dietrich. Parues dans *Vanity Fair* de mars 1932, elles sont signées du critique communiste Harry Allan Potamkin (1900-1933), et concernent *Shanghai Express*. Elles rendent furieux Jo, qui pourtant semblera vouloir les provoquer d'autant plus en titrant *Blonde Venus* son film suivant. De toute façon, elles frappent juste. Car si elles déplorent le changement d'objet, elles admettent avec une très honnête perspicacité l'identité du regard intérieur (la « persévérance ombilicale »).

Cependant, c'est avec *Shanghai Express*, sans doute, que le produit Dietrich commence à basculer dans le regard de son metteur en scène, en atteignant sa perfection : d'abord par sa beauté, par l'impact de son visage amaigri, de son regard agrandi, de ses sourcils rehaussés, et enfin par un jeu plus résolument stylisé, donnant libre cours à une large dose de mouvements de prunelles, paraissant vouloir échapper aux rigidités du « parlant » pour retrouver l'ancienne liberté de la pure expression visuelle. X 27 et Amy Jolly étaient les avatars d'une Marlene supposée capable de s'immoler à l'amour. Or l'amour rend les armes devant Shanghai Lily, dont la douceur combative est sublimée par sa cuirasse de plumes de coq noires, et par le heaume de sa voilette diagonale, insurpassables conceptions de Travis Banton et de Marlene elle-même. La fameuse réplique « *camp* » faite en gros plan par Dietrich à Clive Brook placé hors champ — « *It took more than one man to change my name to Shanghai Lily* », « Il a fallu plus d'un homme pour changer mon nom en Shanghai Lily » — peut être prise comme un aveu délibéré du désabusement, et de la capitulation, de Jo. La Bessière acceptait d'être sacrifié à une passion pour un seul autre homme. Audace, foi, générosité, noblesse, franchise, sincérité, sont encore attribuées à Marlene en Shanghai Lily. Mais c'est devant une réalité nettement plus peuplée que le capitaine Harvey doit capituler, s'il veut garder la sensation, en tête à tête, d'être resté l'élu entre tous.

Quant à la véritable capitulation de Sternberg, c'est en continuant de tourner avec Marlene après *Dishonored* qu'il en aurait eu, raconte-t-il, l'impression :

J'avais décidé de cesser de raffiner sur le sujet, et je le lui dis. Mais je n'avais pas prévu sa réaction devant mon désir de ne plus l'employer. Elle m'accusa de vouloir démontrer à la terre entière qu'elle ne valait rien, de chercher à me magnifier en la laissant se tenir seule sur ses jambes ; elle n'était rien et ne pouvait rien faire sans moi, et tout ce que j'avais fait avec elle n'était que pour montrer combien j'étais grand. Ce que je proposais était hors de question ! Elle refusait de tourner avec un autre cinéaste. [...] J'acceptai de continuer, n'ayant aucune envie de nuire à quiconque, et surtout pas à cette femme dont je me sentais responsable [6].

Il lui faut donc concevoir un nouveau « véhicule » pour Dietrich. Il décide que ce sera un train, transportant des Occidentaux de toutes sortes et de toutes origines en pleine guerre civile chinoise. L'efficacité du mode narratif d'un trajet en lieu clos, la continuité et l'homogénéité dans la virtuosité, et la vertu aphrodisiaque du rythme lancinant des roues sur les rails… c'est sûrement cette méthode-là qui a contribué, avec un *happy ending*, à faire du quatrième de leurs films le plus grand succès public de la collaboration de Marlene Dietrich et de Josef von Sternberg. Mais il y a quelque chose d'impersonnel, du moins à nos yeux, dans les formules, même novatrices, de cette réussite. Car d'autres sauront les appliquer, et avec succès. Et l'on s'imagine aisément que le premier de ces « autres », c'est Alfred Hitchcock. Pourquoi cela ? En raison non seulement d'une semblable fluidité dynamique dans le montage, mais, plus précisément, du train palpitant de *The Lady Vanishes* (*Une femme disparaît*, 1938), du baiser chorégraphié de *Notorious* (*Les Enchaînés*, 1946), et du baiser chorégraphié dans le train palpitant de *North by Northwest* (*La Mort aux trousses*, 1959)

Shanghai Express, photo de Don English, 1932.

« J'étais disciplinée, ponctuelle, consciente
des problèmes du metteur en scène et des acteurs,
intéressée par la photographie
et tout ce qui se passait derrière la caméra.
Bref, j'étais trop parfaite pour être vraie. »

Marlene Dietrich

2 Maria Magdalene à cinq ans.

3 Avec sa fille Maria en 1929.

4 *Die Frau, nach der Man sich sehnt* (réal. Kurt Bernhardt), 1929.

5 Josef von Sternberg, photo de Lotte Eckener, 1930.

« Ce que j'ai fait, c'est mettre en valeur ses particularités pour les rendre visibles à tout le monde. Je n'avais encore jamais vu de femme aussi belle qui soit aussi complètement dédaignée et sous-estimée. »

Josef von Sternberg

8

9

6 *L'Ange bleu*, 1930.

7 Avec Paul Porcasi dans *Morocco*, 1930.

8 *Blonde Venus*, 1932.

9 Avec Sternberg pendant le tournage de *L'Impératrice rouge*, 1934.

«*Marlene Dietrich n'est pas une femme ordinaire : sa capacité de captiver notre jury de semblables est remarquable. En Israël, elle a été acclamée lorsqu'elle a chanté en allemand, tabou jusqu'alors sur scène.*»
Josef von Sternberg

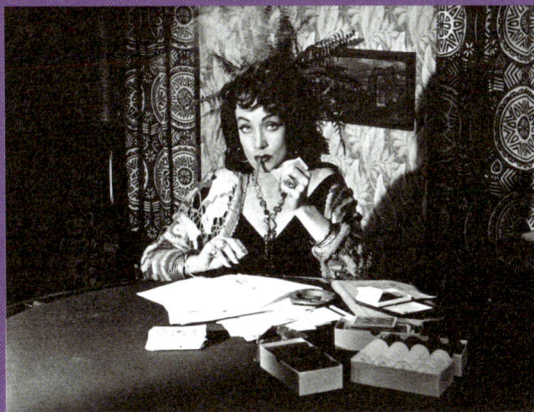

10 *La Femme et le Pantin*, 1935.

11 *La Scandaleuse de Berlin*, 1948.

12 *La Soif du mal*, 1958.

« Si elle n'avait rien de plus que sa voix elle pourrait vous briser le cœur avec. Mais elle a ce corps magnifique et le charme intemporel de son visage. Peu importe la façon dont elle vous brise le cœur si elle est là pour le réparer. »

Ernest Hemingway

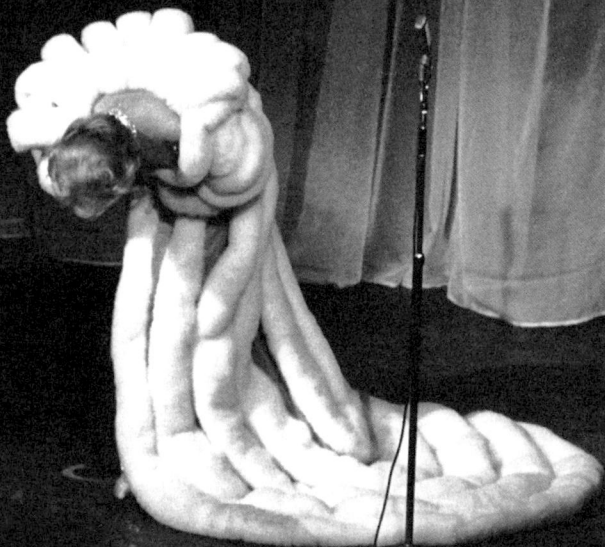

13 Au Théâtre de l'Étoile à Paris en novembre 1959.

— la chorégraphie d'un baiser étant une scène cruciale, et pour le coup très intimement personnelle, de *Shanghai Express*.

Comment Sternberg a-t-il filmé ce baiser ? Après le dîner, Harvey s'est retiré sur la plate-forme arrière du wagon-restaurant. Lily le rejoint. Une large bande de fourrure s'enroule asymétriquement sur les épaules, les manches et le col de son manteau, auréolant sa chevelure. Les amants réunis évoquent leur rupture passée. Lily avoue à Harvey qu'elle a voulu le mettre à l'épreuve en excitant sa jalousie. Tous deux ont souffert. Aucun n'a pu oublier l'autre. Dietrich renverse légèrement la tête. Brook se penche sur elle. Elle lui ôte sa casquette d'officier. Il lui applique sur les lèvres un baiser passionné. Un plan de coupe « symbolique » montre le jaillissement de vapeur du sifflet de la locomotive, puis un gros anneau devant lequel file le train, et qu'un crochet pénètre et arrache au passage. Le bruit fracassant suspend un instant les pulsations sourdes et régulières des roues. Dans *North by Northwest*, le symbole sexuel, après le baiser acrobatique de Cary Grant et Eva Marie Saint, est un plan de leur train qui pénètre dans un tunnel. Mais l'expression vide, presque morte, de Marlene prête à se donner, le vent qui caresse la fourrure claire et la chevelure dorée, cela, Hitchcock ne saura l'obtenir ni de ses propres rêves ni d'aucune de ses blondes actrices pourtant si désirées.

Ayant désarmé la virilité et remporté le baiser, Lily se redresse, et met en souriant la casquette d'Harvey. On lui apporte un télégramme. « Un de tes amants ? demande-t-il. Non... tu ne me crois pas ? dit-elle. Je te crois, répond-il. » Le message vient bien d'un amant et Lily prend sa revanche : « Quand j'avais besoin de ta confiance, tu me l'as retirée. Maintenant, alors que je n'en ai pas besoin et que je ne la mérite pas, tu me la donnes ! » La splendeur visuelle des films de Sternberg fait trop souvent négliger la précision percutante de leurs dialogues. Quant à l'exhibition allégorique de son intimité avec Marlene, elle se conclut avec humour dans le *happy ending*. Au milieu de la foule sortant de la gare, si semblable au public qui va quitter la salle, et sur lequel d'ailleurs Clive Brook jette un coup d'œil, sans toutefois enfreindre le tabou du regard à la caméra, Lily lui passe une montre au poignet, comme des menottes, et comme pour lui rappeler qu'elle est propriétaire de son temps. Puis elle le dépouille de sa cravache et de ses gants. Elle l'embrasse. Leurs corps se cabrent de concert.

Le tournage de *Shanghai Express* débute en fin septembre 1931, le montage est terminé à la mi-janvier 1932, la première a lieu le 2 février à New York. Le projet suivant est en route, il a pour lointaine origine le désir de Schulberg d'adapter *Nana*, mais Sternberg et Marlene proposent un scénario de leur cru, d'abord titré *East River*, puis *The Song of Manhattan*, pour devenir enfin *Blonde Venus*, seule trace de l'idée initiale — *La Vénus blonde* étant, dans le roman, le titre de l'opérette (en référence à Offenbach et à *La Belle Hélène*) qu'est censée chanter la célèbre prostituée d'Émile Zola, pour divertir la société corrompue du second

Empire. Le but, cependant, est de fournir à Marlene un rôle, peut-être de chanteuse et éventuellement de prostituée, mais surtout de mère, puisque son retour d'Allemagne avec Maria a fait désormais de la maternité une des multiples facettes de sa légende. Le scénario sera toutefois attribué à Jules Furthman et S.K. Lauren. « Le cinéaste est le principal auteur d'un film (déclare Sternberg). Quant à moi, je n'attache presque aucune importance à la pléthore de noms cités au générique[7]. » Il demande 25 000 dollars pour *East River*, Paramount en consent 12 000, qui sont versés à la seule Marlene.

Blonde Venus est tourné de la fin mai à la fin août, au milieu de turbulences qui donneront au résultat un caractère disparate, mais singulièrement fascinant par ses contrastes entre ce qu'il y a de plus superficiellement hollywoodien et ce qu'il y a de plus profondément sternbergien. Malgré les recettes exceptionnelles (3 millions de dollars) de *Shanghai Express*, la Paramount est aux abois. Schulberg doit même démissionner à la fin juin. Les pressions du studio sont incessantes sur l'élaboration et les modifications du scénario, pour imposer de prétendues formules de succès. Or, cela incite visiblement Sternberg à la provocation et à inscrire en un défi arrogant, dans une trame de convention, certains de ses plus émouvants souvenirs intimes, et quelques-unes des plus saisissantes de ses « sombres chimères ».

De surcroît, à la mi-mai, peu avant le début du tournage, Marlene reçoit une lettre anonyme :

« On avait découpé les mots dans des journaux avant de les coller sur une feuille de papier. Ce message me terrifia [8]. » On menace de kidnapper Maria ! La rançon demandée est de 20 000 dollars. Sternberg monte désormais la garde dans la maison, armé d'un fusil. Maurice Chevalier, sans doute, prend parfois la relève ; et en tout cas Rudi, selon les souvenirs de Marlene. Pourtant, curieusement, Rudi repart pour l'Europe au tout début juin. Quoi qu'il en soit, une vague de sympathie entoure celle qui est une mère menacée dans la vie comme elle le sera dans son nouveau film.

Car l'opinion publique est, sur ce point, extrêmement sensibilisée. Le fils de l'aviateur Charles Lindbergh, âgé de deux ans, avait été enlevé trois mois plus tôt, le 1er mars, pour une rançon de 70 000 dollars, et son corps avait été retrouvé le 12 mai, la veille du jour où fut annoncée la lettre reçue par Marlene. Cette tragédie avait bouleversé l'Amérique, et le monde entier. Et l'émotion soulevée dans la presse par le cas de Marlene Dietrich et de sa fille Maria justifia d'autant plus le non-lieu des poursuites de Riza Royce von Sternberg, prononcé le 30 août. L'enquête, selon Steven Bach, démasqua le maître chanteur, un employé du studio voulant, paraît-il, se venger d'avoir été licencié...

C'est de ce maelström que Sternberg doit dégager un film cohérent. Il a l'obligation, qui ne sera pas remplie, de faire un *blockbuster*, un gros succès public. Il y a, pour cela, la volonté d'être « proche des gens », et de représenter une Amérique multiforme par temps de dépression : intimité confinée d'un petit appartement new-yorkais, sensualité ouverte et la lumière scintillante des États du Sud, cabaret de lesbiennes, asile de nuit... l'illustration sera merveilleuse. Et puis il y a le canevas faussement « autobiographique » : Helen Faraday, avec son fils Johnny, sera partagée entre son mari Edward et son protecteur Nick Townsend, comme Marlene avec Maria l'est entre Rudi et Jo. Or si Dietrich se donne entièrement, comme elle le veut et comme elle le doit, à son personnage maternel, Sternberg, au contraire de ce qu'il avait fait dans *Morocco* sous la figure de La Bessière, se retire ici manifestement de l'intrigue pour en investir les marges, et cela d'une manière d'autant plus captivante.

C'est par exemple la scène de l'asile de nuit, que lui-même (nous l'avons déjà signalé) désigne comme la transposition d'un souvenir d'adolescence, et dans laquelle Helen, ivre, perdue, rejetée, titube parmi les épaves humaines, pour finalement bégayer : « Je ne vais pas supporter plus longtemps ce taudis. Je vais me chercher un meilleur lit. Vous pensez que je n'en suis pas capable ? Attendez de voir ! » Ce « *Just watch !* », clamé par Marlene, n'est pas seulement l'écho de son ancienne révolte victorieuse contre la misère, c'est aussi son actuel cri d'exaspération envers un autre *dump* (taudis) : le film en cours.

Ce repli sur soi devant une histoire utilitaire, où il a le sentiment de s'égarer, l'incite à d'autres captivants aveux allégoriques — le premier, également référence à une aventure d'adolescent, s'affirmant dès la séquence d'ouverture. Derrière un rideau de saules pleureurs semblable au voile du souvenir, on aperçoit, dans des miroitements de gerbes d'eau et de soleil, et sur les accents frais et joyeux du *Rondo capriccioso* de Mendelssohn, la nudité de jeunes filles qui se baignent en riant. C'est la scène que Jonas, à quatorze ans, avait surprise, près de Vienne, sur les rives du Danube.

Puis les éclaboussements des nageuses se fondent et s'enchaînent visuellement avec ceux d'un petit garçon tout nu lavé par Marlene dans sa baignoire d'enfant. Transformer pour les besoins d'un film Maria en garçon permettait évidemment d'accentuer la séduction, et aussi le pouvoir fusionnel, de la maternité. Le lien, en tout cas, est admirablement indiqué entre un premier émoi sexuel et un retour vers la mère. La puissante et radieuse tendresse qui émane des scènes avec Dickie Moore s'explique sûrement par la fibre maternelle de l'actrice Marlene Dietrich, mais aussi par le fait que Johnny Faraday soit une projection de l'enfant Sternberg, pour le peu de fusion qu'il avait pu connaître avec la douce Serafin.

Cependant, il y a une démonstration de *« Just watch ! »* incluse dans le film même, et elle est sidérante. C'est la magistrale et fascinante plaisanterie du « *Hot Voodoo* ». Se préparant dans sa loge pour son premier numéro de cabaret, Helen Faraday subit les propos aigres de Taxi Belle Hooper (« Alors, c'est toi, la Vénus blonde ? »), auxquels elle réplique avec une ironie assassine (« Combien fais-tu payer le premier kilomètre ? »). Dans la salle se mettent en place les dîneurs, plus ou moins recommandables, mais frimant tous dans leurs tenues de soirée. La musique commence. Des baguettes frappent sur des timbales. C'est un rythme africain.

Alors apparaît en enfilade un rang serré de *girls* aux perruques noires crépues, armées de lances et de boucliers primitifs. Elles tirent derrière elles, au milieu des clients intrigués, effrayés ou révulsés, un gorille enchaîné, à la gueule hideuse, au dos voûté, aux longs bras velus traînant à terre. La bête répugnante monte sur scène. Elle oscille en cadence. Et puis, lentement, elle ôte sa patte droite, et sa patte gauche, dénudant de longues mains blanches manucurées. Ces mains se portent alors sur le muffle, qu'elles enlèvent comme un casque, sous lequel surgit, pince-sans-rire (« *tongue-in-cheek* »), le visage ironique de Dietrich. Marlene se dégage entièrement de la masse de poils, met une perruque d'Africaine albinos et, les poings sur les hanches, au-dessus de ses cuisses nues, avec un sourire dominateur, et l'air de se moquer du monde et de s'amuser comme une gamine, elle se met à chanter des inepties égrillardes telles que : « *Hot Voodoo, gets me wild / Oh, Fire man, save this child* » (quelque chose comme : « Chaud Vaudou, je suis en flamme, Ô pompier, sauve mon âme »).

On imagine la prodigieuse connivence avec Sternberg, aux dépens du studio. Ils veulent que nous leur donnions un gros succès public ? Et qui donc fait autant recette que nous deux à la Paramount ? Les Marx Brothers. Dans ce cas, adoptons leurs critères. Je vais mettre la perruque de Harpo. Mais un succès sans précédent s'annonce dans un autre studio, la RKO. Le film est en cours de tournage. La vedette féminine est Fay Wray, qui s'est fait connaître trois ans plus tôt dans *Thunderbolt*, premier film parlant de Jo. Quant à la vedette masculine, c'est un gorille gigantesque. Eh bien, *« Just Watch ! »* Dietrich, suprême star sternbergienne, va montrer qu'elle est capable d'être tout à la fois Ann Darrow, *alias* Fay Wray, et King-Kong.

En employant une autre optique, on pourrait déceler, dans la trame allégorique de cette farce de très haut vol, un « gag » d'un autre genre qui relève, non plus de la connivence, mais du rêve et de l'effort solitaires. À Hollywood, on appelait « gag » un slogan, ou signe distinctif, attaché à certains cinéastes. Par exemple, faire passer les sous-entendus grivois d'un vaudeville pour une marque d'élégance, d'intelligence, de délicatesse, de créativité et, pourquoi pas, de génie, était le « gag » d'Ernst Lubitsch, appelé *« Lubitsch touch »*. Le « gag » de Sternberg, c'était Sternberg lui-même. Il n'aimait pas parler de ses propres films, disait-il, parce qu'un poulet n'aime pas parler de la sauce à laquelle il va être mangé. Le gorille du *Hot Voodoo*, c'est lui, terrible épouvantail qui fait fuir le monde afin de protéger sa moisson intérieure. Mais Marlene émerge rayonnante de la bête épouvantable, comme la créature émane du créateur, et comme Vénus, blonde ou non, a jailli de l'onde — ce qui est bien sûr le « gag » du titre.

Au début de son long chapitre consacré à « Frau Dietrich », Sternberg évoque une visite au temple d'Angkor. « Des arbres énormes encerclaient de leurs racines géantes les ruines comme pour écraser ce qui restait. Une armée de sculpteurs avait gravé sur les murs une légende qui montre Vishnou barattant une mer de lait à l'aide d'une légion de démons d'un côté et de singes innombrables, menés par Hanuman, de l'autre. Le mythe qu'illustre ce branle-bas affirme que l'océan fut agité durant mille ans pour faire surgir de sa surface houleuse une femme destinée à charmer le monde. Je ne disposais que de quelques semaines pour un semblable exploit, et j'avais très peu d'aide, mais j'étais en effet devant un océan tumultueux[9]. » Et il précise : « Mon océan était Berlin à l'automne 1929[10]. » Car c'est sa façon, autant sérieuse que railleuse, d'amorcer la mythification de sa découverte de Dietrich.

En 1932, cependant, il y avait l'océan tumultueux de la Paramount, d'où il fallait encore une fois faire surgir une charmeuse universelle. Le gorille du *Hot Voodoo*, c'est donc aussi l'armée de singes de Vishnou, image des efforts simiesques du créateur. Mais il lui manque peut-être, à ce créateur, l'aide de la légion des démons, ceux qui étaient issus du bouillonnement collectif du Berlin des années vingt comme ceux qui habitaient le roman de Heinrich Mann, et qui lui avaient permis de produire, avec *Der blaue Engel*, le moins contesté, sinon le plus personnel, de ses chefs-d'œuvre.

Quant à Marlene... elle a été une fois pour toutes extraordinaire quand il a fallu inventer une star pour un metteur en scène de génie et pour un film ambitieux. Mais lorsque l'autre type de bouillonnement du Hollywood des années trente a inversé les données, et qu'il s'est agi de mettre un film et un metteur en scène au service d'une star ambitieuse, elle s'est certainement sentie, sur le moment, aussi déconcertée que Sternberg s'est montré amer et furieux. Ce moment de dilemme fatal s'est affirmé avec *Blonde Venus*, qui est à la fois un film « grand public » détourné et un chef-d'œuvre passé en fraude. Cependant, notre imagination s'en trouve d'autant plus stimulée, et c'est la raison particulière du singulier pouvoir de fascination de cet échec partagé, très conscient et très intime.

L'Impératrice rouge et
La Femme et le Pantin

La première de *Blonde Venus* a lieu le 22 septembre 1932, et l'accueil confirme l'échec, en regard des attentes du studio. Sternberg alors prend orgueilleusement les devants : « À la fin de ce cinquième film avec Marlene je parvins à la persuader d'essayer finalement de tourner avec un autre cinéaste, et tandis que je partais en vacances, Rouben Mamoulian la prit en main pour faire *Le Cantique des cantiques*[1]. »

D'origine arménienne, né en 1898 à Tbilissi, en Géorgie, d'une famille de banquiers, Mamoulian est un artiste cosmopolite et raffiné. Il a passé une partie de son enfance à Paris et s'est formé au théâtre à Moscou avec Vakhtangov et Stanislavski. Il arrive en Amérique en 1923 et commence par mettre en scène du théâtre et de l'opéra. Il monte par exemple *Porgy* (1927), pièce de DuBose Heyward, puis le chef-d'œuvre qu'en tirera George Gershwin, *Porgy and Bess* (1935). Il travaille pour la Paramount dès 1929, et obtient en 1932 de grands succès : *Docteur Jekyll and Mister Hyde* avec Fredric March, et *Love Me Tonight*, avec

Maurice Chevalier et Jeanette MacDonald. Il n'est cependant pas sous option. En 1933, juste après avoir fait *The Song of Songs*, qui est une demi-réussite, accueillie cependant comme un acte décisif de libération salutaire de Dietrich, il tourne pour la MGM un des plus grands triomphes de Garbo, *Queen Christina*. Ce seront indubitablement deux critères pour les prodigieuses extravagances de *The Scarlet Empress*. Vous pensez que Sternberg ne peut pas faire mieux que Mamoulian, ni Dietrich mieux que Garbo? *« Just Watch ! »* De plus, Dietrich prouvera qu'elle peut conquérir un autre domaine de Garbo en séduisant sa maîtresse, Mercedes de Acosta, puis son partenaire de *Queen Christina* et amant, John Gilbert. Et il y aura par ailleurs la volonté d'éclipser le projet concurrent d'Alexander Korda, produisant à Londres une *Catherine the Great* avec Elisabeth Bergner.

L'histoire veut que, pendant le tournage du *Cantique des cantiques*, Marlene ait pris le micro pour gémir, en allemand, à travers les haut-parleurs du plateau : *« Jo, où es-tu ? »* ; et qu'elle exige désormais un grand miroir en pied à côté d'elle pour vérifier si « la face de Dietrich » est bien recréée par l'éclairage, qu'elle finit par régler elle-même. Mamoulian, en parfait gentleman, et du reste sûrement admirateur de Sternberg, ne s'en serait pas offusqué. Dans notre optique, *The Song of Songs* incite d'abord à réfléchir, non seulement bien entendu à ce que Dietrich vue par Mamoulian doit à Sternberg, mais plus profondément à tout ce que Sternberg lui-même doit à l'étonnante qualité intellectuelle et technique des équipes de la Paramount des années trente.

D'abord campagnarde candide, qu'un jeune sculpteur bohème, dont elle tombe amoureuse, convainc de poser pour lui (une statue de Marlene nue fait tout l'appât publicitaire du film), puis triste épouse d'aristocrate pervers, ensuite femme libre et faussement cynique, pour redevenir pure amoureuse, Marlene est censée démontrer toute la gamme de ses capacités. Dans un château sinistre, elle chante Schubert en s'accompagnant au piano ; puis, dans un cabaret turbulent, revêtue d'une des plus parfaites tenues conçues pour elle par Travis Banton — un fourreau noir avec une capeline plate à plumes —, elle entonne *Johnny*, une vieille rengaine de Friedrich Holländer dans sa version anglaise.

Elle a d'excellents partenaires, dont le brillant et charmant Brian Aherne, acteur ici convaincant car visiblement épris, et qui devient son amant (celui que préférera l'enfant Maria, parmi tous les autres du même moment), raison très suffisante, sans doute, pour que Jo ne l'engage pas, alors qu'il retiendra Lionel Atwill et Alison Skipworth, dans des fonctions très analogues, pour *La Femme et le Pantin*. Il n'est d'ailleurs pas improbable qu'Atwill, ayant les allures d'un autre « von » — von Stroheim — dans le rôle d'un mentor tyrannique et destructeur, représente dans *The Song of Songs* une parodie bassement agressive de Sternberg, lequel aurait ensuite délibérément repris et accentué l'identification, pour en renverser la signification morale, en l'attribuant à Don Pasqual, victime de la tyrannique et destructrice Concha Perez. Quoi qu'il en soit, Dietrich, devant la caméra de Mamoulian, paraît surtout vouloir essayer de comprendre ce qu'on veut d'elle et, à défaut, de montrer ce qu'elle ait faire. Car elle n'est plus vraiment regardée ; c'est-à-dire qu'elle est docilement, respectueusement, admirativement, ou même tendrement, regardée telle qu'elle tâche de se montrer, en se contrôlant elle-même, mais elle n'est plus inscrite dans un regard génial, autocrate et amoureux. Parmi toutes ses capacités convoquées, le travesti masculin, sous lequel Jo l'avait d'abord imposée à Hollywood, se trouve toutefois exclu, comme si c'était une falsification de sa nature authentique, fraîche, spontanée, et si complètement féminine.

Le tournage dure de février à mai 1933. Le 30 janvier, Adolf Hitler a pris le pouvoir. À Berlin, Sternberg rencontre Alfred Hugenberg, financier de la UFA et du nouveau Chancelier bientôt Führer, pour négocier la possibilité de produire indépendamment en Allemagne des films avec Dietrich. C'est, dans sa sublime inconscience, ou sa stupide mégalomanie, le moyen qu'il imagine pour sortir de la crise révélée par *Blonde Venus*. Écartant toute idée de dette loyale envers la Paramount et l'Amérique, et niant l'apport du hasard, il se figure qu'il peut dominer maintenant un enchaînement de circonstances (les plus décisives ayant été les nécessités de la carrière d'Emil Jannings) auxquelles, à l'origine, son génie, puis celui de Marlene, s'étaient pliés. La négociation bien sûr n'aboutit pas. En

a-t-il saisi la raison ? Un signe pourtant vient l'aler-
ter. Le 25 février, il se prépare à rentrer à Hollywood et se dirige vers l'aéroport. Son taxi est
retardé en face du Reichstag en flammes. Le
1ᵉʳ avril, c'est le début des violences antisémites.
Der blaue Engel est interdit. Le 10 mai, vingt mille
livres sont brûlés en autodafé à Berlin. Il ne s'agit
pas seulement d'œuvres d'intellectuels juifs. Heinrich Mann est contraint à l'exil. Jannings devient
vedette officielle du Reich.

Marlene se rend en France en faisant la traversée sur un paquebot allemand, l'*Europa*. Arrivant
le 20 mai à la gare Saint-Lazare, au bras de Rudi,
elle se montre vêtue de la même manière que lui,
costume, cravate, lourd pardessus, solides chaussures lacées, risquant ainsi d'être arrêtée, selon les
règlements de police de l'époque. Naturellement, la
chose a été annoncée et la préfecture a garanti
qu'elle n'interviendrait pas. D'un autre côté, l'ambassadeur d'Allemagne à Paris a sûrement eu vent,
autant que la Paramount, des tractations de Sternberg avec Hugenberg. Et l'on a très probablement
prévenu Dietrich des propositions que le baron
Johannes von Welczek allait lui faire au nom
d'Adolf Hitler. Que son refus cinglant ait été préparé ou spontané, sa noblesse et son courage
demeurent les mêmes. La campagne de calomnies
qu'on va lancer contre elle dans son propre pays
aura des conséquences jusque dans les années
soixante.

En chef de famille, avec Rudi, Maria et Tami,
elle fait au début de l'été une incursion à Vienne,

puis elle reste à Paris, au Plaza Athénée, jusqu'à la fin septembre. « *Her earning power became phenomenal* », remarquera Sternberg. Elle n'est pas loin d'être devenue la star la plus payée de Hollywood, grâce à cette « phénoménale capacité de gagner de l'argent[2] », qui est aussi une généreuse capacité d'en dépenser, pour elle-même, mais beaucoup pour son entourage, proche ou lointain. En juillet, au Trianon Palace de Versailles, elle enregistre six chansons ; deux en français, où elle imite avec beaucoup d'application, et un bonheur relatif, la diction traînante et blasée des diseuses réalistes ; et quatre dans sa langue natale, où elle déploie en revanche une variété et un naturel dans le charme qui lui feront toujours comparativement défaut en français comme en anglais. Et c'est sur le *Paris* qu'elle embarque pour rentrer aux États-Unis. Ce n'est pas un navire allemand et le fait ne passe pas inaperçu.

Une œuvre testamentaire peut se situer plus ou moins tard, c'est-à-dire plus ou moins tôt, dans la vie d'un grand artiste, pour ouvrir une dernière période plus erratique, car dégagée de toute nécessité d'achèvement. C'est à quarante ans à peine, après sa tentative absurde et pathétique de travailler librement avec Dietrich dans l'Allemagne désormais hitlérienne, que Sternberg va se livrer au bilan de sa carrière, dans deux films qui sont à la fois des triomphes de vigueur affirmative, selon les critères universels de la valeur artistique, et des actes de renonciation suicidaire, en regard du code équivoque de Hollywood, qui prononce leur condamnation autant qu'il permet leur éclosion.

Durant l'été, il écrit abondamment à Marlene pour lui détailler son nouveau projet. Il tient à s'assurer par contrat une complète indépendance artistique. Avant de la lui accorder, la Paramount veut être certaine de l'approbation de Dietrich. C'est seulement sous cette garantie que Jo peut se livrer à « une implacable incursion dans le style[3] », selon les termes de ses Mémoires. Le titre auquel il songe d'abord est *Her Regiment of Lovers*, « son régiment d'amants ». Le studio s'y opposant, il se décide pour *The Scarlet Empress*, formule plus métaphorique, mais finalement plus crue encore dans une langue anglaise imprégnée de Bible, où une *scarlet woman* désigne, littérairement mais couramment, une prostituée, en référence à l'*Apocalypse de Jean*, et à la « femme écarlate », Babylone la Grande, assise sur les eaux et mère des abominations de la terre. Car, avec un scénario prétendument « basé sur un journal de Catherine II » (des *Mémoires* de la Grande Catherine existent pourtant, ils ont été publiés en 1859), *L'Impératrice rouge* (la connotation devient curieusement soviétique dans le titre français) est avant tout, autant qu'un somptueux bilan artistique, un cruel règlement de comptes avec la prise de pouvoir effectuée, sur le studio, et sur leurs films, par Marlene Dietrich.

Nous n'allons pas ici appliquer notre méthode d'évocation d'une ou deux scènes transcendantes, car la transcendance est le fait de chaque séquence de *The Scarlet Empress*, dans le grotesque naturellement comme dans le sublime. Et pourtant... Pourtant, oui, le sublime... La scène du mariage, le très gros plan des yeux embués et désespérés de l'épouse forcée et encore naïve, sous la grille de sa voilette, avec la flamme tremblante de la bougie qu'elle tient devant elle, souvenir peut-être de certains plans célèbres de Gloria Swanson dans le *Queen Kelly* (1929) d'Erich von Stroheim... Mais ici la flamme vacille au rythme de la respiration haletante de Catherine... Et les chœurs se taisent dans la cathédrale de Kazan, le temps se fige sur des arpèges de harpes... Voilà pour une des plus marquantes parmi les incessantes transcendances, et un des paroxysmes aussi, de ce que peut accomplir la beauté de Dietrich.

Quant au bilan de carrière et à l'allégorie hollywoodienne, poursuivons nos idées d'analogies biographiques, toutes banales et arbitraires qu'elles peuvent paraître... La crise de *Blonde Venus*, le sentiment de se fourvoyer, le repli sur soi et sur l'enfance, poussent Sternberg à se raccrocher aux données de ses anciennes périodes de certitude, donc au grand style visuel du muet (avec une narration par intertitres emphatiques, mais dans un continuel et magistral flux musical et sonore). La jeune Sophie Frederika, future Catherine de Russie, ouvrant de larges yeux, comme pour bien prouver qu'elle peut avoir une fraîcheur ingénue encore plus ostentatoire que celle de la Lily du *Cantique des cantiques*, et destinée à se métamorphoser, comme en dépit d'elle-même et pour se protéger, mais grâce à sa puissance érotique, en impératrice ambitieuse et cynique : c'est Marlene toute prête à devenir Dietrich… Le grand-duc Pierre, difforme et maniaque, passionné seulement par ses soldats (mécaniques ou non), quoique flanqué de sa maîtresse brune, aigre et envieuse comme Riza Royce, et enfin chuchotant avec rage : « Je hais ma femme », c'est l'incarnation des sentiments les plus noirs de Sternberg envers celle qui s'impose maintenant sans lui (avec son régiment d'amants), et qui pourrait reprendre à son compte, à un nom de lieu et à un nom de personne près, cette déclaration de Catherine : « Ne craignez rien pour moi. Maintenant que je sais comment la Russie veut que je me comporte, je me plais ici. Et j'ai l'intention de rester, grand-duc ou non. »

Sternberg est très ostensiblement amoureux de son film, de sa vision hypnotique de la cour barbare de Moscou, des décors prodigieux, des portes démesurées, des sculptures torturées, des icônes hallucinées… mais il ne l'est plus de Marlene, puisqu'il a cessé de s'idéaliser, à ses propres yeux, et qu'il se déteste, même, dans ses rapports avec elle. Du reste, il a commencé une liaison avec sa secrétaire.

Le tournage se déroule au début de 1934. Coiffée et maquillée par sa mère, Maria y participe. Elle incarne Sophie Frederika enfant, avec une petite tricherie : elle a presque sept ans, est-il dit dans le film, alors que la fille de Marlene Dietrich en a plus de neuf. On l'enfouit dans un lit, pour dissimuler sa taille, donc son âge, qui aurait été visible si elle avait été debout ou assise, comme l'envisageait d'abord Sternberg. Évidemment, il tire un parti saisissant de cette contrainte puérile. L'enfant dans les draps serre contre elle une poupée, tendrement, voluptueusement, en écoutant le récit des cruautés des tsars, et l'image s'enchaîne sur un corps nu de femme torturée, extraite morte de la gangue d'une « demoiselle de fer », comme si son cadavre était contenu dans la poupée de la petite princesse ; puis ce sont quatre femmes, poitrine nue, dans les flammes d'un bûcher, des paysans qu'on décapite à la hache, rythmiquement... On voit ensuite un homme pendu par les pieds à l'intérieur d'une énorme cloche, qu'il fait retentir sinistrement en servant de battant. Enfin sa forme suppliciée se fond dans celle de Marlene en jeune fille ravissante se balançant en riant sur une escarpolette fleurie, aux sons du *Rondo capriccioso* de Mendelssohn, associé comme dans *Blonde Venus* à des ébats d'adolescentes.

Par cet hallucinant raccourci, à la fois horrifiant et jubilatoire, Sternberg présente la maturation sexuelle de Sophie comme porteuse d'abominations. La triomphale prise de pouvoir finale de Catherine, avec un sourire fixe et carnassier, après avoir fait étrangler son mari difforme et haineux par un de ses amants, et s'être lancée dans une prodigieuse chevauchée à l'intérieur même du palais et de ses volées d'escaliers de bois martelés dans un étourdissant tintamarre de sabots, s'accomplit dans un autre tumulte de carillons, à quoi se mêlent le Wagner des *Walkyries* et le Tchaïkovski de la *Marche slave* et de l'*Ouverture 1812* (Sternberg dirige lui-même l'orchestre symphonique de Los Angeles) — extraordinaire explosion visuelle et sonore animée par un Jo invisible et sacrifié comme s'il était le battant qui fait retentir l'étonnante machinerie du plus grinçant et du plus équivoque de tous les *happy endings* hollywoodiens.

L'histoire veut cependant que ce soit Marlene qui, durant le tournage, ait été suppliciée. Moulée dans une curieuse interprétation d'uniforme blanc d'officier russe, avec pantalon collant et toque d'hermine cylindrique posée de travers sur son front, elle doit tirer sur la corde qui fait sonner le carillon de la cathédrale de Kazan pour l'appel de ses troupes d'amants. Sternberg lui fait répéter son exercice des dizaines de fois, de plus en plus violemment, avec des mots de plus en plus durs. C'est seulement après cette séance d'humiliation et de sadisme, une fois retournée dans sa loge, qu'elle admet que l'intérieur de ses cuisses, impitoyablement frottées par le crucifix suspendu au bout de la corde, est en sang. Elle exige que Jo n'en sache rien, il est évidemment mis au courant.

La première a lieu le 19 mai, non pas aux États-Unis, mais à Londres, où a été présenté en février, avec succès, *La Grande Catherine* de Korda, que plus personne aujourd'hui ne regarde. Cependant, à l'époque, si Sternberg a choisi Londres par arrogant désir de rivalité, il a été mal inspiré. Car l'accueil est hostile. Ernst Lubitsch, devenu directeur artistique de la Paramount, condamne le gâchis, et accuse en particulier le gaspillage d'argent, pour des plans très brefs montrant une foule énorme se précipitant vers le Kremlin, à l'annonce de la naissance de Paul Ier, fils adultérin de Catherine II, mais officiellement reconnu comme descendant légitime du trône. Or il s'agit d'un trucage à peu de frais, d'un habile montage d'archives, des images extraites d'un des propres films de Lubitsch, *Le Patriote*, que Sternberg avait qualifié de « *Scheiße* », en réponse à Emil Jannings, qui y incarnait, justement, Paul Ier.

Et puisque nous en sommes à préciser les dates, notons ici que c'est le mois suivant, le 13 juin, qu'est édicté, sous le nom fameux de « Code Hays », un renforcement du code de censure interne des studios américains (ayant cette très véritable perversion commune aux textes du même genre, qui est d'entrer dans tous les détails de ce qui est interdit). *L'Impératrice rouge* se trouve ainsi être à la fois le dernier et le plus somptueusement et crûment transgressif des films hollywoodiens antérieurs au « Code Hays » (qui sera abandonné en 1968).

En mars, à peine le tournage terminé, Marlene retourne en Europe. Elle a, envers l'Allemagne, un geste qui peut surprendre. Elle fait une importante donation au fonds d'aide sociale de l'organisme officiel du cinéma, le Filmkammer. Son souci est tactique. Après son refus cinglant de l'année précédente, elle veut feindre une sorte de réconciliation et s'attirer très passagèrement les bonnes grâces des nazis, dans un but précis, qui est d'obtenir un visa de sortie en règle pour son mari et pour Tami. Sternberg contribue au dossier en engageant Rudi comme assistant pour leur film suivant, qui sera aussi le dernier qu'ils tourneront ensemble.

Au retour, à bord de l'*Île de France*, Dietrich fait la connaissance d'un écrivain avec qui elle noue aussitôt une des plus puissantes amitiés de sa vie, fondée sur une tendresse, une admiration et un humour réciproques, et sans rapports sexuels, Ernest Hemingway. Il la nomme « *Kraut* » (« chou », mais plutôt choucroute), elle l'appelle « mon rocher de Gibraltar » : « L'appeler "papa", surnom qu'utilisaient beaucoup de ses amis, me paraisssait ridicule [4]. »

Enfantillages mis à part, un même type de connivence d'esprit l'attachera à Noël Coward et à Orson Welles. Coward est homosexuel, Hemingway et Welles non, la raison de l'abstinence est ailleurs. Avec Sternberg aussi elle était évidemment d'intelligence, et peut-être plus profondément qu'avec quiconque, mais il y avait la part décisive de la passion, à la fois créatrice et destructrice. Et puis il y avait la sublimation de l'autre à travers soi-même, et de soi-même à travers l'autre.

Dans le numéro de décembre 1934 d'un magazine à dix cents, *Screen Book*, Marlene, répondant à l'intervieweur (Jack Grant), prend avec autorité, presque avec condescendance, et en se montrant soucieuse plus de sincérité que de vérité, la défense de Jo :

Je suis venue à Hollywood pour une seule raison, travailler avec von Sternberg [...]. Je travaille avec von Sternberg parce qu'il est touché par le génie. Il ose être différent. Un film ne prend pas toujours la tournure qu'il a voulue mais il continue de tenter du nouveau. On dit que von Sternberg me ruine. Je réponds laissez-le me ruiner. J'aimerais mieux un petit rôle dans un de ses bons films qu'un grand rôle dans un mauvais film de quelqu'un d'autre. Après tout, j'ai le dernier mot pour le choix de mon scénario et de mon metteur en scène. Si je préfère travailler avec von Sternberg, c'est mon affaire[5].

Une autre chose est également son affaire, et sa remarque ici nous touche de près :

Dans la mesure où elle concerne ma vie publique, ma vie privée ne peut pas être tenue secrète. Qu'elle soit devenue un domaine public ne m'ennuie pas. Mais ce que je fais quand je suis seule, ce que je pense et la conduite que j'adopte, ces choses-là sont strictement mon affaire personnelle[6].

Sternberg cependant, peut-être après avoir lu avec colère ces déclarations généreuses faites sur un ton de patronne et de meneuse de jeu, annonce que leur film en cours sera le dernier qu'il tournera avec « miss Dietrich ». Prolonger leur association, déclare-t-il, serait néfaste pour elle comme pour lui. Et donc, une fois de plus, il prend les devants, par orgueil, par rage, par lassitude, par démission ou par désespoir : « Les producteurs et les metteurs en scène se mettaient en ligne, attendant que je lâche prise sur une actrice et qu'ils soient libres de montrer ce qu'on pouvait réellement accomplir avec elle[7]. »

Marlene découvre sa décision dans la presse. Sur le plateau de tournage, ils ne se parlent pratiquement plus en dehors de ce qui est indispensable pour leur travail. Ce travail, nouvelle « implacable incursion dans le style [8] », consiste entre autres à recréer la chaude et vive lumière de l'Espagne, loin des froides ténèbres moscovites. Le titre prévu par Sternberg est *Capriccio Espagnol*, en rappel de l'œuvre de Rimski-Korsakov qui doit servir de structure musicale à la bande sonore. Lubitsch, directeur général du studio, manifeste dès l'origine son hostilité, « et, comme il n'était pas en mesure d'intervenir dans mon travail, il y imprima sa marque en changeant le titre en *The Devil Is a Woman* [9] » — c'est-à-dire « Le Diable est une femme ».

Ce titre modifié est sans doute une imposture s'il prétend annoncer une comédie de mœurs « à la Lubitsch », mais dans une optique plus érudite il ne paraît pas complètement absurde. Car il fait référence à « Une femme est un diable », saynète du *Théâtre de Clara Gazul* (1825) de Prosper Mérimée. Mérimée est l'auteur de *Carmen* (1845), influence directe du roman de Pierre Louÿs dont *The Devil Is a Woman* est une adaptation : *La Femme et le Pantin* (1898). Du reste, dans le film, le jeune rival de Don Pasqual (Don Mateo dans le livre), s'écrie à propos de Concha Perez : « *What a devil of a woman!* » Et son prénom même, Antonio (André Stévenol dans le roman de Louÿs), est celui du héros d'« Une femme est un diable », emprisonné à cause d'une certaine Mariquita, comme Antonio l'est à cause de Concha (alors que Stévenol ne l'est pas).

Un peu de Mérimée semble bien avoir été délibérement injecté dans le scénario. Sternberg fera allusion à la collaboration distante du romancier John Dos Passos, mais ne commentera pas l'origine de certaines inventions de l'adaptation, aussi importantes et décisives pourtant que les modifications apportées à *Professor Unrat* pour *Der blaue Engel*. Elles sont d'ailleurs d'une nature analogue et concernent toute la deuxième partie. Tandis que Louÿs conclut abruptement son court chef-d'œuvre en deux pages après le récit que fait Mateo des turpitudes et des cruautés de Concha, dans le film une autre histoire se développe alors autour du véritable enjeu : la volonté suicidaire de Pasqual qui se laisse passivement abattre par son jeune rival, Antonio, qu'il a provoqué en duel. On verse en quelque sorte dans un drame de type viennois, celui du *Liebelei* (1895) d'Arthur Schnitzler, dont un autre cinéaste d'origine autrichienne, Max Ophuls, avait tiré, en 1932, un film que Sternberg n'ignorait peut-être pas. Et s'il n'entre pas dans le détail des changements apportés au livre, c'est sans doute parce que les raisons en sont si profondément ancrées en lui-même qu'elles se sont implacablement imposées, excluant toute considération extérieure. En ce domaine, son seul constat sera : « Comme si j'étais un ordinateur, je construisis scène après scène pour constituer une trame précise, en ne permettant à rien d'autre qu'au futur public d'échapper à mon attention[10]. »

Le prodige, c'est que ce raffinement érudit dans la force dramatique du scénario, de même que l'éblouissante virtuosité de l'image, nous incitent d'autant plus à un décryptage biographique, c'est-à-dire à considérer que l'ensemble du simulacre, exposé continuellement sous le voile chatoyant, trompeur mais transparent, de la splendeur visuelle, est une pure allégorie de la relation sadomasochiste de Sternberg à Dietrich — le sadisme physique et le masochisme moral de l'un s'emboîtant exactement avec le sadisme moral et le masochisme physique de l'autre. Ce point de vue « psychobiographique » est largement justifié, sans doute.

Toutefois, l'allégorie permet la confession dans la mesure seulement où la confession alimente l'allégorie, qui est le but ultime de l'entreprise. C'est la raison de l'immense supériorité de *The Devil Is a Woman* sur les quelques autres adaptations de *La Femme et le Pantin*, même et particulièrement sur *Cet obscur objet du désir* (1977), où la distanciation voulue par Luis Buñuel ne mise que sur le grotesque d'une situation amoureuse dont, justement, le grotesque extérieur ne peut avoir un impact saisissant que s'il est placé dans une optique de gravité intérieure ; si l'engagement personnel est absolu.

Cette assimilation intime implique une scrupuleuse fidélité en même temps qu'une profonde imagination dans la transposition de l'original. Une pareille double exigence de justesse et d'inventivité est moins paradoxale qu'il n'y paraît. Car c'est une conséquence naturelle de l'imagination, laquelle ne peut vraiment métamorphoser que ce dans quoi elle se reconnaît intimement. Lisons, par exemple, dans Pierre Louÿs la première apparition de Concha, au carnaval de Séville :

« Dans des corbeilles d'osier jaune, s'entassaient des centaines de coquilles d'œuf, vidées, puis remplies de papellilos et recollées par une bande fragile. Cela se lançait à tour de bras, comme des balles de lycéens, au hasard des visages qui passaient dans les lentes voitures. [...] André se surprit à lancer les siens d'un bras un peu plus vif qu'il n'était nécessaire. Une fois même, il brisa en deux un éventail d'écaille fragile. [...] D'une main hésitante, il tournait dans sa poche le dernier œuf qui lui restât, quand il vit reparaître soudain la jeune femme dont il avait brisé l'éventail. Elle était merveilleuse. [...] Privée de l'abri qui avait protégé quelque temps son délicat visage rieur, livrée de toute part aux attaques qui lui venaient de la foule et des voitures voisines, elle avait pris son parti dans la lutte, et, debout, haletante, décoiffée, rouge de chaleur et de gaieté franche, elle ripostait ! [...] Son corps souple et long était expressif tout entier. On sentait que même en lui voilant le visage on pouvait deviner sa pensée, et qu'elle souriait avec les jambes comme elle parlait avec le torse [11]. »

Dans le film, les coquilles d'œuf d'André deviennent les projectiles de la petite catapulte d'Antonio. L'éventail coquet de Concha est remplacé par des grappes phalliques de ballons que le garçon excité fait éclater autour de Dietrich, et la gaieté franche et haletante de la jeune Sévillane est transformée en une vibrante impavidité. Mais on devine bien la pensée de cette Concha impavide et vibrante, semblable à une araignée à l'affût au centre de sa toile plutôt qu'à une biche aux abois parmi les prédateurs — et cela d'autant plus clairement que seules les dents parfaites de son sourire impassible s'exposent à nu, le reste se fondant dans une masse de dentelles, de pompons, de mantille, de masque, de peigne démesuré et d'œillets mortuaires.

Et Marlene, en effet, y est « merveilleuse », sans doute plus que jamais. Bien sûr, elle est telle que Sternberg, avec toute la puissance de son rêve amoureux et de sa magie technique, pouvait concevoir une femme merveilleuse. Elle pose en travers de sa bouche, en signe de réprimande à l'adresse d'Antonio, un doigt à l'ongle vernis, ganté de dentelle noire. Puis elle renverse sa tête en ce que les romantiques appelaient un « rire vermeil », les yeux lancés au ciel derrière son masque, et les notes perlées de ses éclats de gaieté fusent dans le vacarme des cris, des cornets, des pétards, de la musique de corrida. La vision, dans un éblouissement de noirs et de blancs, est portée à un point d'incandescence d'une certaine manière inexplicable. Dietrich y contribue autant par son art que par sa beauté. Elle-même a largement conçu son somptueux attirail d'Espagnole, et son étonnant maquillage d'oiseau, grands sourcils arqués au milieu du front bombé. Et son jeu en Concha illustrera très exactement les indications de Louÿs. Constamment, son corps souple et long sera expressif tout entier.

Jo n'oubliera pas. Et ce sera rétrospectivement, de sa part, un élan de respect, d'admiration, et même d'enthousiasme, qui tranche singulièrement avec le reste objectivement louangeur mais comparativement fielleux de ses souvenirs de Dietrich. Il évoque à sa manière le tournage de la scène du carnaval. Il tient dans sa main gauche un pulvérisateur de peinture d'aluminium, qu'il projette sur le décor pour le rendre irréel et scintillant ; et sa main droite est armée d'une carabine à air comprimé. « Quand la scène commença, je visai pour faire exploser le rideau de ballons, afin de révéler un des visages les plus impavides et les plus charmants de l'histoire du cinéma. Pas un cillement de paupière, pas le moindre tressaillement dans le large sourire étincelant, ne fut enregistré par la caméra, à un moment où toute autre que cette femme extraordinaire eût légitimement tremblé de peur [12]. »

Dans *L'Impératrice rouge*, le grand-duc, défilant d'un pas grotesque dans le palais avec ses soldats, croise Catherine et son bataillon rival et froufroutant de dames de compagnie. Il donne l'ordre de mettre en joue sa femme et de viser droit au cœur. Elle lui réplique par un sourire, en enfilant et nouant un foulard vaporeux à la pointe de son sabre. Confrontée aux pulsions destructrices de l'homme arrogant à l'égard de l'objet de sa haine ou de son désir, la femme ciblée ne peut, selon l'expression de Cocteau, que fourbir les armes du sex-appeal. Dans la deuxième partie de *The Devil Is a Woman*, celle qui s'écarte du roman de Louÿs, Pasqual surprend Antonio avec Concha, et le gifle enfin pour le provoquer en duel ; puis, afin de montrer qu'il est un tireur d'élite, et qu'il dispose donc de la vie de son rival, il vise une carte à jouer, plantée droite à quelques pas de lui. La carte est une dame de cœur. Le cœur est traversé par la balle. Menacée dans son âme, la femme fatale ne fait que se défendre. Pasqual, cependant, ne mourra pas de s'être laissé abattre par Antonio, et Concha reviendra vers lui. Leur lien subsiste à jamais, si leur jeu est terminé.

Le chapitre du livre, paru en 1965, où Sternberg évoque Marlene, et celui, publié dix ans après sa mort, que Dietrich consacre à Jo, révèlent l'un comme l'autre une étrange persistance à la fois dans la différence de tempérament (un homme sensible et susceptible, en face d'une femme d'acier au cœur généreux) et dans la communauté d'esprit (des intelligences techniques égales), et ils paraissent prolonger dans l'au-delà leur connivence comme leur malentendu.

Lisons Sternberg :

Quand fut achevé ce dernier film avec elle, on réclama avec insistance de tous les coins du globe que cette créature que j'avais ruinée soit arrachée à mon emprise de fer. Mon emprise n'avait guère été serrée, et « ruiner » n'est pas exactement le terme pour qualifier ce que j'avais fait d'elle […]. On m'a dit que durant les nombreux films qu'elle a tournés après mon « fiasco » avec elle, elle finissait souvent une scène en chuchotant à travers un micro : « Jo, où es-tu ? » Eh bien, je suis ici, et si elle se met en colère une fois de plus, en lisant ceci, elle doit se rappeler qu'elle a souvent été furieuse contre moi, et sans bonne raison [13].

Et Marlene, en 1979 :

Avant d'en terminer avec ce chapitre, il faudrait encore parler de ce que je redoutais le plus chez lui : son mépris. Une expérience traumatisante. Plusieurs fois par jour, il m'expédiait dans ma loge pour que je puisse y pleurer tranquillement. Après s'être adressé à moi en allemand, il se retournait vers les techniciens en disant : « Que tout le monde sorte fumer une cigarette. Miss Dietrich a sa crise de larmes. » [...] Il serait certainement furieux de lire ces lignes. Je l'entends d'ici criant : « Coupez ! » Mais comment éviter cela puisque je parle de lui, puisque je tente d'expliquer ce qu'il représentait pour moi et qu'aucune actrice, fût-elle dirigée par le plus grand metteur en scène, ne connaîtra jamais ? [...] Fin des éloges. Pardon Jo ! Mais il fallait que j'écrive cela. [...] J'ai vieilli, j'ai appris à mesurer le poids de la solitude de tes efforts et de tes pensées, de ta responsabilité envers le studio, envers moi, surtout, et je ne peux m'empêcher de pleurer [14].

Le tournage de *The Devil Is a Woman* dure d'octobre 1934 à janvier 1935. À la suite d'une avant-première, en février, le film est amputé d'une quinzaine de minutes, sans doute irrémédiablement perdues, dont une chanson. Il en subsiste un enregistrement, et on peut ne pas trop déplorer sa suppression, si l'on en juge seulement d'après les paroles et leur sophisme redondant : « *If it isn't pain, then it isn't love.* » (« S'il n'y a pas de souffrance, alors il n'y a pas d'amour. ») Les images étaient sûrement une affaire bien plus complexe. Il reste toutefois une autre chanson dans le film, et elle est incluse dans la séquence centrale, qui convertit et organise magistralement les données sadomasochistes les plus crues du roman.

Marlene ne danse pas nue devant un public d'arrière-salle. Elle ne fait pas l'amour avec Morenito, derrière une grille, sous les yeux de Pasqual éperdu de jalousie. Mais elle chante sur scène qu'elle a trois amants, qu'elle est fidèle à chacun d'eux, et qu'elle peut vous être fidèle, à vous aussi. Elle les énumère un à un : « *And one is a son of a... a son of a...* », « Et l'un est un fils de... un fils de... » Le mot que le parolier, c'est-à-dire très certainement Sternberg, semble avoir voulu lui mettre ensuite dans la bouche est évidemment *bitch*. « *Son of a bitch* », « fils de pute ». L'injure, en inscription asymptotique et subliminale, s'adresse, imagine-t-on aisément, aux amants réels de Marlene. Cependant, ceux qu'énumère Concha sont successivement un fils de jardinier, un fils de fermier et un fils de boulanger, qui lui donnent, dit-elle, de quoi manger, et d'autres choses qui sont si belles, si bonnes, et si douces.

La chanson se termine, les applaudissements éclatent, les chapeaux volent, Marlene les attrape avec une joie carnassière, un de ces hommages volants s'égare et atteint par hasard Lionel Atwill, qui le rejette avec accablement. S'il y avait un seul aveu autobiographique dans le film, ce serait dans ce geste de lassitude et d'écœurement. À quoi s'ajoute, au début, la réponse que Sternberg met dans la bouche de Don Pasqual quand Antonio lui annonce qu'il a un rendez-vous avec la plus belle créature qu'il ait jamais vue, et lui demande s'il a entendu parler « d'une déesse dans cette ville nommée Concha Perez » : « *Her name is not unfamiliar to me* », « Son nom ne m'est pas inconnu », rétorque Jo à travers Pasqual. Le nom de Marlene Dietrich ne lui est pas inconnu. La multiplication des très gros plans du visage et du regard d'Atwill indique avec insistance quel est le point de vue. Plus que jamais Marlene s'inscrit dans le regard de Jo.

Début mars, la Paramount, c'est-à-dire Ernst Lubitsch, fait annoncer par la presse la mauvaise impression de l'avant-première, avec la décision de diffuser néanmoins le film en l'état, « malgré une perte financière certaine », et de se séparer de Sternberg. La première a lieu à New York, le 3 mai 1935, dans la version de soixante-seize minutes qui est désormais la seule connue. La critique n'est pas entièrement mauvaise. Certains esprits intellectuellement honnêtes décèlent aussitôt le malentendu, en se trouvant toutefois contraints, comme toujours dans les cas de pareille ambiguïté, de tenir compte de la mauvaise part (le contexte) du malentendu, comme si c'était un phénomène solide, acceptable et accepté autant que la bonne part (l'œuvre).

Bref, dès le lendemain, on lit dans le *New York Times*, sous la signature d'André Sennwald, ceci qui est instructif et pénétrant : « Il n'est pas difficile de comprendre pourquoi Hollywood a manifesté une si violente hostilité envers le nouveau film de Josef von Sternberg [...]. Car *The Devil Is a Woman* est une satire cruelle du thème d'amour romantique que Hollywood célèbre avec tant de sérieux depuis des années [...]. Dans les mains de Mr von Sternberg ce qui est trompeusement conventionnel en surface devient une impitoyable parabole sur l'éternelle humiliation de l'homme dans le combat des sexes [...]. Nous considérons *The Devil Is a Woman* comme le meilleur produit de l'association Sternberg-Dietrich depuis *The Blue Angel*. »

À ces justes remarques, on trouve un écho ponctuel et une sorte de confirmation dans la correspondance de Sternberg : « Le monde est avide de formules faciles à assimiler, et comme je ne lui en ai pas fourni, je ne pouvais échapper à de sévères critiques, mais je ne pouvais pas non plus échapper aux éloges, quoiqu'ils n'aient pas toujours été bien dirigés. Je n'ai fait qu'explorer la puissance des éléments cinématographiques, en laissant aux autres le soin de l'utiliser à vendre de l'émotion [15]. »

Et Concha Perez en effet est « le meilleur produit » de l'actrice Marlene Dietrich depuis *L'Ange bleu*. Car, en l'incarnant, dans l'œil évidemment de Jo, plus acéré que jamais, et dans les splendeurs les plus expressives des costumes de Travis Banton, elle parvient à conjuguer un sommet de sophistication d'aspect et de stylisation de jeu, avec une vitalité et une authencité de tempérament égales au moins à celles qu'elle montrait spontanément en Lola Lola. La synthèse est extraordinaire, et sa vigueur maîtrisée est particulièrement saisissante dans la grande scène de colère de Concha, quand Pasqual, furieux de jalousie, vient la surprendre avec Morenito. Et alors, soit : si nous nous accordons à déceler un deuxième aveu autobiographique, voyons-le dans l'élaboration de cette admirable crise de fureur, dont les répliques sont presque textuellement transcrites de Pierre Louÿs, et qui était par ailleurs déjà en germe rudimentaire mais fulminant dans le test filmé pour *Der blaue Engel*.

En octobre, des officiels du gouvernement espagnol, un an pourtant avant la chape de nationalisme, de répression et de censure imposée par le coup d'État de Franco, protestent contre la façon comique, selon eux injurieuse, qui est donnée de la garde civile dans *La Femme et le Pantin*, et menacent de boycotter toutes les productions de la Paramount si le film n'est pas détruit. Malgré l'exigence d'autodafé, le studio ne brûle pas le négatif, mais dès novembre l'ultime chef-d'œuvre est retiré de la circulation. Du reste, il n'avait déjà plus de public.

Plus ou moins congédié par Lubitsch, Sternberg tournera coup sur coup deux films pour la Columbia, grâce encore une fois à Schulberg, qui y a trouvé un poste de producteur : *Crime and Punishment*, adaptation curieusement morne du chef-d'œuvre de Dostoïevski, et *The King Steps Out*, insignifiante comédie musicale conçue pour Grace Moore. Quant à Marlene, soucieuse avant tout de Dietrich, elle ne semble voir dans cette séparation, du moins sur le moment, que de nouvelles difficultés auxquelles sa carrière doit faire face : « Von Sternberg ne m'abandonna pas tout à fait. En secret, il supervisa les films médiocres que je tournai par la suite, allant jusqu'à se glisser subrepticement dans le studio pour couper ou intervertir certains plans. J'organisais personnellement ces incursions nocturnes [16]. » Ne taxons pas d'humiliation, ni de masochisme, ni de renonciation, ce qui peut être bien plus dignement qualifié d'amitié désintéressée, et de généreux sens des responsabilités.

En février, la Paramount produit un court métrage publicitaire, *The Fashion Side of Hollywood* (*Le Côté mode de Hollywood*), diffusé avant la sortie de *The Devil Is a Woman*. Les stars du studio, Joan Bennett, Carole Lombard, Claudette Colbert, Mae West, y défilent dans leurs costumes de tournage. Marlene y paraît dans six robes spectaculaires, noires ou blanches, de Concha Perez. Elle accomplit docilement sa tâche inepte et muette, marcher, pivoter, s'asseoir, lever le bras, enfiler un gant, tourner la tête, ajuster sa voilette ou son chapeau, sur la voix péremptoire, cassante, méchante, pédante d'une commentatrice de mode. Dietrich accomplit cela avec détachement, mais à la perfection. On se demande quelles « modèles » professionnelles, ne sachant rien faire d'autre, pourraient avoir autant de présence, de magnétisme, d'éclat et de chic.

Les trois minutes de cette séquence fonctionnelle et conclusive ont naturellement été filmées par Sternberg. Elles sont peut-être dérisoires, mais surtout déroutantes, en regard des trois autres minutes du test initial de *Der blaue Engel*. Car il n'est pas facile d'avoir une opinion tranchée sur le sens humain véritable de cette métamorphose qui s'est

accomplie en à peine plus de cinq ans. Notre per-
plexité globale reste toutefois dans l'ordre sternbergien : chaque film avec Marlene traitait d'un
moment de mutation individuelle, sans autre
conclusion morale, donc, que l'idée de responsabilité personnelle face à un destin proposé ou imposé
par les circonstances.

Hollywood et les autres

Ernst Lubitsch fouille dans sa réserve de droits acquis pour dénicher quelque chose qui, selon ses vues, puisse « sauver » Dietrich. Il se décide pour un scénario récemment (1933) tourné en versions allemande et française, sous les titres de *Die schönen Tage von Aranjuez* et de *Adieu les beaux jours*. La vedette était dans les deux cas Brigitte Helm, avec pour cinéastes et partenaires respectifs, Johannes Meyer et Gustav Gründgens en allemand, André Beucler et Jean Gabin en français. Gabin a-t-il vu *Desire*, avant de rencontrer Marlene ? C'est probable. Plus probable en tout cas que le fait que Marlene ait pu voir *Adieu les beaux jours*. La Paramount choisit donc de produire avec Dietrich, d'abord sous le titre de *The Pearl Necklace* (*Le Collier de perles*), puis de *Desire*, cette amusante histoire de voleuse de bijoux pourchassant en Espagne un nigaud qui détient, par inadvertance et sans le savoir, le précieux collier qu'elle a dérobé à Paris en dupant magistralement deux messieurs respectables imbus de leur propre personne.

Lubitsch songe à se charger de la réalisation, mais finalement il la confie à Frank Borzage. Borzage avait, trois ans plus tôt, en 1932, filmé une adaptation d'un roman très célèbre, paru l'année de production de *Der blaue Engel*, 1929 : *A Farewell to Arms* (*L'Adieu aux armes*). Marlene a-t-elle échangé avec lui des impressions au sujet d'Ernest Hemingway ? C'est en tout cas un excellent technicien, à en juger par ce seul témoignage, *Desire*. Elle y retrouve Gary Cooper, qui fait ici plus de grimaces de Yankee « sympathique » que dans *Morocco* et, comme Dietrich elle-même, s'exhibe plus qu'il ne se montre. Katharine Hepburn et Cary Grant filmés par Howard Hawks pour la RKO, ou Jean Harlow et James Stewart filmés par Clarence Brown pour la MGM, auraient peut-être, dans la même histoire, été plus drôles encore. Et la belle Brigitte Helm était sûrement très bien. Seulement, ces films de la RKO ou de la MGM n'existent pas, ceux de Brigitte Helm sont oubliés, et *Desire* reste un fleuron mineur peut-être, mais charmant, de la *Dietrich Collection*. Évidemment, Marlene y apporte de nombreux atouts irremplaçables, comme sa façon de porter les robes de Travis Banton, ou de fredonner une autre envoûtante mélopée de Friedrich Holländer (« *Awake in a Dream* », autrement dit « rêvons éveillés ») en s'accompagnant au piano. Quant au gros plan qui illustre le générique, où l'on voit ses mains faire miroiter un collier de perles devant son décolleté, il est d'une telle sensualité radieuse qu'on ne peut s'empêcher d'imaginer qu'il a été éclairé, sinon filmé, par Sternberg. Le tournage se déroule de septembre à décembre 1935, la première a lieu à New York, en avril 1936, et c'est un succès.

Rudi est reparti pour l'Europe avec Tami durant l'été 1935. Marlene, démunie aussi de la passion créatrice qui l'attachait à Jo, multiplie les « liaisons » (« mot charmant signifiant une union, non cimentée ni déromantisée par les contrats[1] », définira-t-elle dans son *ABC*, en citant le mot en français). Elle se figure pouvoir sauver de l'alcoolisme John Gilbert, amant le plus reconnu de Garbo. Gilbert succombe à une crise cardiaque le 9 janvier 1936, à l'âge de trente-six ans. Des photographes de presse, à l'enterrement, ont capté Dietrich livide, sans maquillage, dévastée de chagrin, en manteau noir mais chatoyant, soutenue par Dolores del Rio et son mari Cedric Gibbons. Aucune photo de Garbo, sans doute, n'a été diffusée.

Marlene Dietrich ne cesse de tourner pendant près de trois ans après sa rupture avec Sternberg, c'est-à-dire jusqu'à la fin 1937. Après *Desire*, c'est, sous la direction de Henry Hathaway, *I Loved a Soldier*, commencé en janvier 1936, et interrompu au bout d'un mois, Lubitsch ayant été congédié de la production, à cause d'un gaspillage financier réel, dont il accusait Sternberg. Estimant qu'il y a rupture de contrat, Marlene abandonne le film, et s'estime libre de travailler pour un autre producteur, David O. Selznick, qui l'engage pour le *remake* d'un muet de 1924 dont la vedette était Alice Terry. Propriétaire du sujet, la MGM en avait cédé les droits à Selznick, Garbo l'ayant refusé comme une vieillerie. Le résultat avec Dietrich, sous la direction de l'obscur Richard Boleslawski et avec pour partenaire Charles Boyer en très improbable moine défroqué, est, quant au scénario, consternant d'ineptie. Mais ce film, *Le Jardin d'Allah*, présente l'intérêt documentaire d'être un des premiers en Technicolor, et d'être ainsi une preuve supplémentaire de l'immédiate sûreté de goût de Dietrich, et de ses collaborateurs. Au lieu de couleurs claquantes destinées à ébahir le public avec la nouveauté, elle porte des teintes beiges (dans des costumes attribués à Ernst Dryden mais secrètement rectifiés par Travis Banton), afin de s'harmoniser avec les sables du désert qui sert de décor. Les couleurs claquantes, on les trouvera peu de temps après dans le grand triomphe public de Selznick, *Autant en emporte le vent* (1939). Marlene, l'ayant vu, n'aura que sarcasmes pour les cheveux orange de Leslie Howard.

Le tournage à peine terminé, début juillet 1936, Dietrich part pour Londres, où elle est engagée par le Hongrois, naturalisé anglais, Alexander Korda, pour le cachet faramineux de 450 000 dollars, de moitié plus élevé que le budget total de *Der blaue Engel*, faisant d'elle l'actrice la mieux payée au monde. Dix ans plus tôt, à Berlin, elle avait fait de la figuration dans deux films mis en scène par Korda (*Eine Du Barry von heute* et *Der Tänzer meiner Frau*). Cette fois-ci, il est le producteur du film dont elle est la vedette et dont la réalisation est confiée au Belge Jacques Feyder. Avec son sujet romanesque et ambitieux, les amours d'un jeune traducteur anglais et d'une comtesse russe pris dans la tourmente de la révolution d'Octobre, *Knight Without Armour* (*Le Chevalier sans armure*) est un produit de prestige doté des luxueuses qualités des productions britanniques de Korda, dont la solidité n'est entamée par presque aucune volonté parasite de reconstituer ou de démythifier ce qu'on suppose hâtivement, ou faussement, être l'image de Dietrich créée par Sternberg. Tout juste Marlene prend-elle nue un bain qui rappelle celui du début de *Blonde Venus*, et l'absence de pesantes références au mythe hollywoodien est ici un avantage : on se laisse volontiers entraîner par une belle et brillante actrice dans un ensemble dont on ne se rappelle pas grand-chose après l'avoir vu.

Les prises de vues durent de juillet à novembre. Marlene prouve une fois de plus sa loyauté, en refusant que soit réduit le rôle de son partenaire, le beau (mais marié, et heureux en ménage) Robert Donat, lorsqu'il est obligé de s'interrompre un mois à cause de crises d'asthme (dont il mourra à l'âge de cinquante-trois ans). Et sa générosité, pour s'affirmer, va trouver une occasion plus marquante encore, quoique finalement vaine. Le studio lui doit 100 000 dollars après la fin du tournage. Or Korda se trouve en difficulté financière, étant engagé dans sa production suivante — un péplum, *I Claudius*, adapté d'un roman de Robert Graves —, où sa femme, Merle Oberon, tiendra le rôle de Messaline. L'empereur Claude sera interprété par Charles Laughton, la mise en scène doit être confiée à William Cameron Menzies. Dietrich, selon les enquêtes de Steven Bach, aurait proposé à Korda de renoncer au reste de son cachet, à condition qu'il utilise ces 100 000 dollars encore dus pour engager Sternberg au lieu de Menzies. Orgueil ou sacrifice, le don est considérable. Il faudrait sans doute aujourd'hui multiplier la somme par vingt.

Sternberg, pourtant nullement sollicité après les deux films médiocres qu'il a tournés pour la Columbia, ne s'étonnera pas de la proposition et ne reconnaîtra jamais sa dette (si jamais il l'a sue), pas plus que Marlene ne divulguera son geste, qui est trop beau pour ne pas être vrai. Il se contente de faire un éloge de Korda, analogue à celui qu'il fait d'Erich Pommer lui commandant un film pour Emil Jannings, comme si l'un et l'autre avaient songé à lui seul et en tout premier lieu. Puis, il accuse du fiasco les manies masochistes de Laughton, en des pages presque aussi nombreuses et détaillées que celles qu'il consacre à Jannings. La production n'étant décidément pas viable, le tournage est arrêté, prenant comme prétexte un accident de voiture de Merle Oberon, obligeant les assurances à éponger les pertes et les frais. Quelques prises de vues ont subsisté. Elles ont été montrées dans un documentaire de la BBC (*The Epic That Never Was*, 1965). La lumière en est magique.

« La charrue avait une fois de plus été mise avant les bœufs et je n'avais pas su la faire bouger[2] », remarquera Sternberg, en ajoutant ceci, qui s'applique également à tout le star-system et aux films de Dietrich faits sans lui : « Commencer par une erreur conduit à finir par une autre, […] et j'aurais dû savoir à quelle confusion aboutit le fait de se lancer dans un projet en choisissant une histoire pour convenir à un acteur, puis en choisissant un metteur en scène pour convenir aux deux[3]. » Afin de remettre les bœufs, c'est-à-dire lui-même, avant la charrue, et de revenir à ses préoccupations fondamentales, humanistes et sociales, il décide d'adapter *Germinal* d'Émile Zola, envisage une distribution européenne — avec Jean-Louis Barrault dans le rôle de Lantier —, songe à tourner en Angleterre, puis prend en hiver 1937 des contacts à Vienne, où il croit obtenir le financement de son film, en allemand, pour le prestige autrichien d'une langue usurpée par les nazis.

Ses tractations, bien sûr, sont aussi irréalistes que celles qu'il avait menées quatre ans plus tôt à Berlin, à la veille de l'incendie du Reichstag. Car c'est maintenant la veille de l'Anschluss, dont l'annonce, en mars 1938, lui parvient alors que, de retour à Londres, il s'acharne sur son scénario. La fatigue s'accumule. « Des rêves étranges, que je ne pouvais m'expliquer sur le moment, se mirent à hanter mes rares heures de sommeil. » Un beau matin, il fait une pause en regardant par sa fenêtre, puis revient à sa table de travail, et alors : « Quelques minutes plus tard, le concept du temps cessa d'exister pour moi ; quelque chose en moi avait claqué comme un élastique trop tendu. Durant quelques jours, alors qu'un médecin désemparé se penchait sur mon cas, mes yeux ne purent plus fixer aucun moulin à vent. » Il perd en effet passagèrement l'usage de cette vue dont l'acuité extraordinaire formait dès l'enfance un rempart compensateur contre les émotions refoulées et engrangées. Le chaos émotif trop longtemps comprimé a maintenant brisé les digues. Tombé dans une grave dépression, il revient en Californie pour se réfugier dans la maison d'acier et de verre qu'il a fait construire par Richard Neutra en 1935, dans la vallée de San Fernando, « pour un coût pas plus élevé qu'une semaine de mon salaire », dont il se dégoûte bientôt, qu'il vend « pour ce qu'avait coûté le court de tennis [4] », et qui sera détruite en 1971, deux ans après sa mort.

Marlene, occupée à tourner dans *Le Chevalier sans armure*, reste huit mois en Angleterre. Elle a une liaison avec Douglas Fairbanks Jr., de huit ans son cadet, et tout juste divorcé de Joan Crawford. Maria est envoyée en pension à l'école Brillantmont de Lausanne. Rudi est installé à Paris, avec Tami bien entendu, progressivement déséquilibrée par les calmants, les stimulants et les séries d'avortements. Ernst Lubitsch rappelle Dietrich pour son prochain film, qu'il prépare depuis des mois pour elle, et pour la Paramount. Le 6 mars 1937, dans le bâtiment fédéral de Los Angeles, elle prête serment devant la bannière étoilée, et se fait enregistrer sous le nom de Marie Magdeleine Sieber, née le 27 décembre 1904, afin d'entamer les formalités qui lui accorderont la nationalité américaine. C'est la consolidation de sa réponse aux nazis, qui l'avaient de nouveau approchée à Londres pour l'enrôler. Son acte est présenté dans la presse allemande comme le résultat de la contamination des Juifs de Hollywood. Le tournage d'*Angel* débute en avril.

Lubitsch, qui prétend continuer de sauver Dietrich, en montrant ce qu'il peut faire d'elle, parvient au résultat inverse : rien de plus normal puisque ce qu'il reprochait aux films de Sternberg était le contraire flagrant de la réalité. Ayant clamé qu'il fallait redonner vie et naturel à une délicieuse actrice qui aurait été peu à peu pétrifiée par un cinéaste destructeur, il fige dans des poses vides et inertes celle qui vibrait d'intensité, palpitait d'énergie, de Lola Lola à Concha Perez. Il pratiquera le même genre d'imposture publicitaire deux ans plus tard avec Greta Garbo, en se flattant de la faire, elle aussi, descendre de son piédestal, et en lançant *Ninotchka* sous le slogan : « Garbo rit ! » Or Garbo avait toujours ri, peut-être un peu trop, même, la tête renversée, les yeux mi-clos, bien plus sensuellement en tout cas que dans son étrange nouveau rôle de communiste crispée et obtuse.

Mais Lubitsch, grâce sûrement à l'efficacité de ses propres slogans commercialement assenés, passe non seulement pour un grand maître de la tradition hollywoodienne, mais pour un « auteur » important selon la tradition critique française. *Angel*, au titre hypocritement et frauduleusement référentiel à *The Blue Angel*, profite tout de même du raffinement technique des équipes de la Paramount, et Marlene n'y est naturellement pas grassouillette, empotée et frisée au fer comme elle l'était dix ans plus tôt dans ses comédies mondaines berlinoises. Mais elle semble ne pas cesser de s'ennuyer, ce qui la rendrait constamment ennuyeuse, s'il n'y avait son élégance magnétique et scintillante, sous des éclairages qu'elle sait désormais régler elle-même et dans des robes conçues une fois encore (ce sera la dernière) par Travis Banton, parmi lesquelles un remarquable fourreau incrusté de perles dont une vingtaine d'années plus tard elle réinterprétera avec Jean Louis (costumier de la Columbia, donc entre autres de Rita Hayworth) le style flamboyant et moulant pour ses célèbres tenues de scène de Las Vegas.

Le tournage s'achève en juin 1937. Marlene va passer l'été en Europe. Au Lido de Venise, à l'hôtel des Bains, où se trouve également Sternberg, Erich Maria Remarque s'approche d'eux, alors qu'ils dînent ensemble. Jo s'éclipse docilement devant l'auteur de À l'ouest rien de nouveau (1928), qu'elle avait rencontré à Berlin, et dont les romans ont été bannis par les nazis. Leur liaison commence. Elle est sexuellement plus ou moins inaboutie et durera trois ans, avec des prolongations. Il l'appelle « la panthère », ou « le puma », en référence au poème homonyme de Rilke qu'elle lui a aussitôt donné à lire : « Son regard, à force d'user les barreaux, s'est tant épuisé qu'il ne retient plus rien, etc. » C'est l'évocation allégorique d'une bête en cage pour qui le monde est fait d'un millier de barreaux, avec rien au-delà, et dont les forces captives exécutent une danse autour d'un centre où se tient engourdie une volonté puissante. Les lettres d'amour dont il l'inonde, lyriques, brillantes, mais assez verbeuses, poseuses et désorientées, seront publiées par Maria Riva en 2001. Celles de Dietrich ont presque toutes été détruites par Paulette Goddard (qu'il a épousée en 1958).

On lit dans Sternberg, qui devient vite son ami : « Assez drôlement, un célèbre écrivain pourtant bien placé pour en juger alla jusqu'à me dire que je lui avais fait un tort considérable en dotant [Marlene] d'une personnalité qu'elle n'avait pas [5]. » Il est facile de supposer que cet écrivain était Remarque, lequel, du temps qu'il était amoureux, ne doutait apparemment pas de l'authenticité humaine de Dietrich à l'écran. Dans une lettre du nouvel an 1939, emporté par l'élan de ses dithyrambes, il lui fait un éloge équivoque de Sternberg et de *Der blaue Engel* :

« Beauté et personnalité, fascination et caractère : il est curieux que, lorsque les deux coïncident, cela exige énormément de celui à qui on les confie. Seul un très grand ou un très mauvais metteur en scène peut y arriver. Jo, qui l'avait compris, ne l'a atteint qu'une fois, au fond ; et encore, dans un domaine limité ; car il n'a montré qu'un côté, mais celui-là parfaitement. Le reste, c'est toi qui l'y as mis : l'ambiguïté, la lueur du tragique au sens non pas aristotélicien, mais platonicien. Ensuite, il a été gêné avec toi et il l'est resté [6]. »

Et ceci, le 11 février suivant, à propos de Hollywood (sans Sternberg) :

« Quelles manières de boucher ! D'accord, on gagne peut-être de l'argent là-bas ; mais cela vaut-il la peine de jeter morceau après morceau une vie qui devient toujours plus précieuse ? [...] Et pour quoi ?... Pour que M. Sieber ait encore un peu plus de sécurité grâce à un peu plus d'argent ? Ou l'enfant ? L'enfant se débrouillera [7]. »

Oui, mais la généreuse Marlene souhaite-t-elle vraiment qu'on se débrouille sans elle ?

L'été de leur rencontre, en 1937, elle suit Remarque à Paris, qui la suit à son tour à Hollywood. Il la fera plus ou moins figurer, sous le nom peu évocateur de Joan Madou, dans *Arc de triomphe*, commencé durant leur liaison, mais achevé seulement en 1945. « Remarque éprouvait beaucoup de difficultés à écrire. C'était un travailleur acharné qui mettait des heures à construire une phrase [8] », notera-t-elle dans ses Mémoires. Et puis : « Il était d'une mélancolie et d'une vulnérabilité maladives. Cet aspect de sa personnalité me touchait beaucoup. Nos relations privilégiées me permirent, trop souvent, hélas, de constater son désespoir [9]. » Une des raisons de ce désespoir, peut-être, est l'arrivée à Hollywood, après la débâcle française de juin 1940, de Jean Gabin. Comment, en effet, ne pas se sentir dévasté par cette désarmante capacité de trahisons qui toujours s'assortissent de constance et d'intégrité ? On lit dans *Arc de triomphe* cette analyse des rapports de Ravic et de Joan Madou, qui résume sans doute le sentiment de bien des amants de Marlene :

Il savait que s'il passait la nuit avec elle, il était perdu. [...] Elle reviendrait encore et encore ; elle ferait valoir les droits qu'elle aurait acquis ; elle en demanderait chaque fois un peu davantage sans jamais rien donner elle-même, jusqu'à ce qu'il en arrivât à n'être plus qu'un jouet entre ses mains. Alors, elle se dégoûterait et l'abandonnerait, victime de sa faiblesse et de ses désirs brisés, veule et corrompu. Ce n'était pas ce qu'elle voulait ; elle ne s'en rendait même pas compte ; mais c'est ce qui arriverait [10].

Cependant, est-ce que vraiment Marlene-Madou ne s'en rendait pas compte ? Dietrich, en tout cas, une vingtaine d'années plus tard, dans un des articles les plus surprenants et les plus développés de son *ABC*, « Possessivité », se livre à un réquisitoire qui a un étrange air de prise de conscience, d'autocritique et de contrition :

Possessivité, magnifique, impitoyable imposture ! Elle scintille presque comme si c'était de l'amour. Elle est destructrice, et c'est le plus traître des brillants hameçons jetés en mer pour accrocher un homme.

Et ainsi de suite :

Mais il se débattra.[...] Finalement vous le décrochez de l'hameçon, saignant et vous haïssant... Et puis vous vous demandez que faire avec lui. Dès lors, s'il est encore en vie, ou si c'est un poisson fou et perturbé qui ne vous déteste pas, il ne vous est plus d'aucun usage. Vous vous êtes prouvé que vous êtes la plus forte, et par conséquent le sport et le jeu sont terminés [11].

La première d'*Angel* a lieu en novembre 1937. En mai 1938, un groupe de directeurs de salles indépendantes fait paraître une liste d'acteurs indésirables selon eux pour leur public, en les qualifiant de « *box office poison* ». Marlene Dietrich s'y trouve répertoriée avec Joan Crawford, Greta Garbo, Bette Davis, Katharine Hepburn. Il s'agit avant tout pour les indépendants d'affirmer leur influence pour se dégager de l'emprise des studios qui imposent leurs produits sous leurs propres conditions. Mais le coup est porté, et le vrai fiasco d'*Angel* n'y est sûrement pas étranger. La Paramount met fin à son contrat avec Marlene, en lui versant 250 000 dollars pour ne pas faire un deuxième film prévu avec Lubitsch (*French Without Tears*). Elle devait également tourner avec Tay Garnett pour la Warner, et avec Frank Capra pour la Columbia (elle aurait été George Sand, avec pour partenaire un très étrange Chopin : Spencer Tracy). Les deux projets sont annulés. Le résultat de la *Lubitsch touch* appliquée à Marlene Dietrich est donc une sorte de mise au chômage. Et elle qui n'a cessé de travailler pour le cinéma depuis 1926, à raison de deux films au moins par an, va rester sans tournage pendant vingt-sept mois. La crise est d'une nature autre, sans doute, que celle qui terrasse « Jo », mais elle est simultanée.

« Dire que j'étais désespérée serait exagéré », admettra-t-elle. « En fait, je me moquais de cette sanction. Mais j'éprouvais la même inquiétude qu'à mes débuts : et si j'allais décevoir ? [...] J'étais désorientée, j'avais besoin de conseils, de quelqu'un pour me guider [12]. » Le sentiment de régression et la volonté de ne pas déchoir conduisent à répéter les formules d'origine. Pour Sternberg, c'est se replier sur soi, retrouver la solitude primordiale, redevenir le seul maître illusoire de ses propres visions. Pour Dietrich, c'est se mettre à disposition afin de disposer, se laisser manipuler afin de manipuler. Aimer ou se faire aimer : une formule vise à la réussite artistique, l'autre au succès public. En attendant de reprendre les choses en main à travers ceux qui la reprendront, elle, en main, Marlene fait des va-et-vient entre l'Europe et l'Amérique. Elle obtient définitivement la nationalité américaine le 6 juin 1939.

Un des résultats de sa nouvelle citoyenneté est que le 14 juin, à New York, au moment où elle embarque sur le *Normandie*, des agents du fisc l'interpellent, en lui réclamant un arriéré d'impôts de plus de 140 000 dollars pour l'argent qu'elle a gagné, non pas aux États-Unis, mais en Angleterre, avec *Le Chevalier sans armure*. Ses bagages sont débarqués. Le départ du paquebot est retardé. Avec un sang-froid qui paraît-il étonne, elle donne en gage ses bijoux, dont une somptueuse parure de cabochons d'émeraudes. Le tout, d'une valeur estimée à plus de 100 000 dollars, lui sera restitué en 1941, avec un remboursement d'une vingtaine de milliers de dollars. Alors qu'elle passe l'été au Cap d'Antibes, avec Rudi, Tami, Maria, Sternberg, Remarque, dans le voisinage de la famille Kennedy, elle reçoit un coup de téléphone de Joe Pasternak, producteur au studio Universal, qui lui propose un rôle dans un western, pour un cachet de 50 000 dollars, et un intéressement aux recettes. Elle trouve l'idée grotesque et pense refuser. Mais Sternberg lui conseille d'accepter. Hasard ou clairvoyance, il ne se trompe pas.

Désormais relativement oublié, *Destry Rides Again* (*Femme ou démon*), filmé par George Marshall, va être un des plus grands succès publics de Dietrich, relancer sa carrière, et même établir un critère auquel feront référence, autant qu'à *Morocco* ou à *Der blaue Engel*, ses cinéastes suivants, jusqu'à Fritz Lang, quand il la dirigera jalousement et tyranniquement dans un autre western, funèbre celui-là, *L'Ange des maudits* (*Rancho Notorious*, 1952). Car, grâce à l'action vigoureuse et aux réjouissantes pitreries de *Destry Rides Again*, la descente du piédestal atteint son but, en se conjuguant avec une confirmation de la naturalisation américaine de la star, largement divulguée. Bref, Dietrich, abandonnant toute aura de sophistication européenne, s'immerge dans le mythe le plus typiquement américain : le monde « viril » et sexuellement niais des cowboys.

Entraîneuse de saloon au grand cœur, aux manières brusques et au verbe haut, elle mène son monde à la baguette, boit sec, gagne au jeu jusqu'au pantalon d'un client, se déchaîne dans un grandiose crêpage de chignon avec l'épouse furieuse venue réclamer le vêtement de son homme, et chante enfin, en tenue de *cowgirl* de fantaisie, des rengaines de Friedrich Holländer, dont une qui deviendra un classique de ses récitals : « *See what the boys in the backroom will have…* » (« Va demander aux garçons dans l'arrière-salle ce qu'ils prennent, et dis-leur que je veux la même chose »), aussi truculente que « *Ich bin die fesche Lola* ». Et puis « Frenchy », son personnage plein de franchise, qui serait une Lola Lola immigrée, mûrie, reconvertie et américanisée, loin d'être restée vénéneuse et fatale, se sacrifie noble et pathétique, pour protéger l'élu de son cœur (ici James Stewart), sobre incarnation virile de la vertu moralisatrice face à des fanfreluches combatives mais désarmées. Marlene, glacée d'ennui dans *Angel*, s'amuse très manifestement à exécuter les clowneries, même larmoyantes, qu'on attend d'elle et qu'elle transcende avec une vitalité retrouvée.

Cela sent la formule commerciale, bien sûr, la concession collective aux préjugés sur le public, et non la nécessité personnelle et la résistance individuelle. Et, truculence pour truculence, il y aurait largement de quoi être consterné, comparativement à *L'Ange bleu*. Quoi qu'il en soit, le déploiement technique est au fond aussi important que pour les chefs-d'œuvre intimes de Sternberg. Le tournage de *Destry Rides Again* débute en septembre 1939, il est rapide et facile. Une fois la réussite affirmée par la sortie en salles, le 2 novembre, le moule est jeté. Jusqu'en 1942, et pour une série de six autres films, Dietrich apparaît directe et turbulente dans un monde américain, un contexte des plus masculins, et ayant trois fois le débutant John Wayne pour partenaire très autochtone.

Elle est d'une drôlerie virtuose dans la divertissante *Maison des sept péchés* (*Seven Sinners*, 1940), où, cabotant entre des îles indonésiennes, elle se trouve confrontée à la *Navy* américaine, en la personne de John Wayne, sous la direction de Tay Garnett. Elle y psalmodie d'autres mémorables chansons de Holländer, vêtue de très inventives tenues conçues avec Irene, dont un assez cocasse uniforme blanc d'officier de marine, épaulettes et casquette galonnées comprises. Mais, dans *La Belle Ensorceleuse* (*The Flame of New Orleans*, 1941), René Clair — ayant refusé comme Jean Gabin ou Jean Renoir de rester en France sous une Occupation qui impliquait entre autres qu'on cautionne le statut des Juifs si on travaillait pour le cinéma ou pour le théâtre —, visiblement crispé dans le système de studio de son puissant, vigoureux, salvateur et normatif pays d'accueil, semble mettre Dietrich mal à l'aise, malgré l'alibi de la francophonie de La Nouvelle-Orléans, et le luxe des décors et des robes froufroutantes. Marlene dira simplement : « Je n'aimais pas René Clair [13]. »

Elle s'attache pourtant aux Français désemparés dans leur exil ; elle les reçoit, les nourrit de son pot-au-feu qu'ils rendent célèbre (pour nourrir Sternberg durant les tournages, c'était du goulasch) ; en un mot, elle les materne ; et bien sûr tout particulièrement Gabin, déjà rencontré au Cap d'Antibes, et ne laissant bientôt plus guère de place à Remarque. « C'était l'homme le plus sensible que j'aie jamais connu ; un petit bébé mourant d'envie de se nicher dans le giron de sa mère, d'être aimé, bercé, dorloté [14] », écrit-elle dans la dizaine de pages qu'elle lui consacre. Et elle ajoute, en répétant les termes déjà appliqués à Rudi : « Il était doux, tendre, il avait toutes les qualités qu'une femme recherche chez un homme [15]. » « Une femme », c'est-à-dire une part seulement de Marlene Dietrich, selon les circonstances et les partenaires. Ils s'installent dans une maison où la France est recréée par la langue qu'ils parlent tous deux, par la cuisine qu'elle lui fait, et par trois tableaux qu'il a emportés avec lui : un Vlaminck, un Sisley et un Renoir. Il l'appelle « La Grande ».

Surtout, après le bombardement de Pearl Harbour, le 6 décembre 1941, et la déclaration de guerre aux États-Unis le 11 décembre par l'Allemagne et l'Italie, Marlene va déployer sa redoutable énergie (elle enchaîne dans cette période quatre tournages en treize mois) sur un autre terrain des opérations, démontrant ainsi à l'excès le noble aspect de sa nature de star : non pas la vanité, ou l'égocentrisme, ou la volonté de se mettre sans arrêt au centre des choses telles qu'elles surgissent (cela, c'est l'aspect mesquin, secondaire quoique très réel) ; mais la généreuse capacité de s'oublier pour se fondre au cœur de convulsions collectives, auxquelles son engagement très personnel et très entier apporte, à sa propre mesure, une nuance capitale de signification humaine — cette fusion s'opérant toujours du côté juste de la cause, sans hésitation ni tergiversation.

La guerre et après

« *War : If you haven't been in it, don't talk
about it*[1]. » Dietrich nous avertit fermement dans
son *ABC* de 1961 : il ne faut pas parler de la guerre,
si on n'y a pas été. Soit. Mais si on y a été, est-ce
afin d'en parler ? Quant à nous… N'en parlons pas,
donc, mais enfin brodons brièvement sur quelques
traces de ce qu'elle a pu en dire.

Marlene semble recommencer son livre de
Mémoires quand elle se met à évoquer ses activités
durant la Seconde Guerre mondiale. Elle reprend
le ton vague de ses souvenirs embrouillés de la Première Guerre, qu'elle amorçait en se montrant
petite fille allant pour la première fois à l'école.
Maintenant, après son premier bilan hollywoodien, elle ne raconte plus les jalons d'une carrière :
de nouveau, elle se regarde rétrospectivement,
consciente de sa solitude, cette fois-ci perdue non
plus dans un isolement enfantin, mais au milieu
d'un destin collectif. Dans ces pages étranges et
floues, marquées par un évident souci de qualité lit-
téraire, dont on se demande quel est le modèle
(Peut-être Remarque ? Sans doute Hemingway ?), le

« je » fait une large place au « nous ». « Nous », en l'occurrence, signifie les artistes de scène engagés dans les USO, les United Service Organizations.

Mais « nous » signifie aussi les hommes, les militaires, parmi lesquels, même si elle est chargée de les délasser avec des chansons nostalgiques ou grivoises, sensuelles ou cocasses, dans une robe pailletée conçue par Irene, Marlene figure avec le grade de capitaine, dont elle porte l'uniforme de terrain, pantalon et casque compris. « À Aix-la-Chapelle, nous attrapâmes des morpions. » Plus que jamais, elle fait épanouir sa double nature, idéale et terre à terre, présente et distanciée, virile dans la séduction, féminine dans l'abnégation : elle pose sur elle-même un regard d'homme quand il s'agit de scintiller de féminité, un regard de femme lorsqu'il faut se soumettre aux ordres, en groupe, dans une rude tenue kaki, enlaidissante ou avantageuse, c'est selon. « Et vous Marlene, pourquoi voulez-vous vous engager dans les USO ? » lui demande George Raft (dans *Follow the Boys*, 1944). « Parce que je veux être présente partout où il y a des soldats et des marins », répond-elle d'une voix pince-sans-rire. Cette réponse sexy est la boutade qu'on attend d'elle. Toutefois la plaisanterie contient une sincère vérité : je veux profiter de l'occasion pour, plus que jamais, utiliser l'arme de ma féminité telle que je la construis, afin de m'imposer le reste du temps, c'est-à-dire sur leur propre terrain, comme garçon parmi les garçons.

Elle se revoit à cette époque, attendant comme tout soldat ses ordres de mission : « J'ai tiré un trait sur tous mes projets personnels, sur tous mes désirs, toutes mes aspirations, toutes mes perspectives d'avenir[2]. » Et puis : « Je n'aurai plus besoin de penser ni de prendre des décisions, ni pour moi, ni pour autrui. On me nourrira, on s'occupera de moi au cas où j'aurais des ennuis[3]. » Car enfin : « On attend les ordres. Quel sentiment agréable : attendre les ordres. Comme lorsque nous étions enfants, soumis à nos mères, à nos professeurs[4]. » Cela se passe à Manhattan, au 1 Park Avenue, dans la salle d'attente de l'agence qui envoie sur le front européen les artistes des USO (ils seront au nombre de sept mille trois cent trente-quatre) : « La journée se termine. J'ai pris un bain avant de venir. Je prends toujours un bain avant de me rendre dans cette maison. Au numéro un. Je n'ai jamais connu personne, dans aucune ville, habitant le numéro un. Mais ici, je suis au numéro un[5]. »

Fondées le 4 février 1941, avec pour mission de « soutenir le moral » des troupes combattantes, en leur fournissant entre autres des spectacles, les USO furent dissoutes en 1948, puis réorganisées au moment de la guerre de Corée, pour prendre au cours de la guerre du Viêt-nam une plus grande importance dont le caractère sordide a été si magistralement représenté par Francis Ford Coppola dans son extraordinaire *Apocalypse Now* (1979). Les USO existent de nos jours, et leur champion le plus constant, actif depuis la fondation jusqu'en 2001, c'est-à-dire aussi durant les destructions du Viêt-nam au napalm et jusqu'aux massacres de la première guerre du Golfe, fut le fantaisiste d'origine anglaise Bob Hope (1903-2002). Marlene s'est trouvée être, à l'origine, une de ses comparses et, alors que tant sont oubliés, elle demeure un des plus solides titres de gloire des USO. Elle n'est toutefois pas allée soutenir les troupes américaines au Viêt-nam, en une période pourtant où elle se produisait beaucoup sur les scènes mondiales. Elle a tout naturellement contribué aux salutaires débuts d'une organisation d'abord louable, et au prestige moral de l'Amérique alors à son apogée, mais non pas à leur trop longue et trop criminelle déviance. Elle ne sera d'ailleurs pas longue à en prendre conscience. Dans l'article « Hiroshima » de son *ABC*, elle cite un poème de Hermann Hagedorn, datant de 1946 : « La bombe qui est tombée sur Hiroshima est aussi tombée sur l'Amérique[6]. »

Quoi qu'il en soit de la suite de la politique mondiale américaine, dès 1933 Dietrich participe à un comité d'accueil des rescapés du nazisme, juifs ou non. « Les principaux organisateurs en étaient Ernst Lubitsch et Billy Wilder[7] », rappelle-t-elle. Elle s'active dans le Hollywood Victory Committee, fondé le 10 décembre 1941, trois jours donc après Pearl Harbour. Elle sert à table et lave la vaisselle à la Hollywood Canteen, créée le 3 octobre 1942 par Bette Davis et John Garfield. Elle fait des tournées pour vendre des bons de guerre :

« Entre six en huit spectacles par jour, et parfois le soir. Je devais me rendre dans les usines pour inciter les ouvriers à donner à l'État un certain pourcentage de leur salaire. [...] À moi seule, je récoltais un million de dollars, à verser dans les caisses du Trésor américain[8]. »

Une de ses méthodes, le soir, dans les night-clubs, est de se mettre sur les genoux des clients, et de vendre des baisers. Elle est convoquée à la Maison-Blanche, par Franklin Delano Roosevelt en personne qui, rapportera-t-elle, lui déclare : « On m'a raconté ce que vous faites pour vendre des bons. Nous vous en sommes reconnaissants. Mais je vous interdis formellement de confondre le démarchage et la prostitution[9]. »

Pour la propagande et le divertissement des troupes, l'Universal produit en fin 1943 un film à sketches, *Follow the Boys*, dans lequel des stars par dizaines « jouent leur propre rôle ». Marlene y fait un numéro où ses jambes coupées se promènent toutes seules, car elle est sciée en deux par des *boys* sur l'ordre du magicien Orson Welles. C'est un tour que Welles a déjà accompli sur scène avec Rita Hayworth, qu'il a épousée en septembre 1943, mais la Columbia a refusé de prêter Rita à l'Universal. Avec Welles, Dietrich noue une de ses hautes amitiés de pair à pair, fondée sur une admiration réciproque et désintéressée. Dans son *ABC*, elle l'évoquera en ces termes : « Après l'avoir vu et avoir parlé avec lui, je me sens comme une plante qui a été arrosée[10]. » Et Orson Welles, dans un entretien avec Peter Bogdanovitch, se souviendra : « Oui, une énorme confiance mutuelle [...]. Depuis tant d'années [...]. Nous scier en deux huit fois par jour en allant partout. Elle n'avait jamais une seule minute de retard. Vous ne pouvez pas savoir à quel point nous étions proches [11]. »

En novembre et décembre 1943, elle tourne pour le fief que Garbo a définitivement abandonné deux ans plus tôt, la MGM, une absurdité orientalisante, sous la direction de celui qui le premier avait tenté de l'utiliser au cinéma, en 1923, à Berlin, Wilhelm désormais William Dieterle. Elle y tient un rôle secondaire, celui d'une reine de harem. Mais la danse extravagante qu'elle exécute, avec un amusement manifeste, le corps moulé dans un très technique maillot couleur chair, habilement exécuté par la remarquable Irene, pour une tenue de spectacle à effet de nu, les jambes enduites de peinture d'ameublement dorée, les cheveux blonds ramenés au sommet de la tête en un chignon tellement serré vers le haut qu'il opère une manière de lifting pour lisser son visage déjà quadragénaire, constitue la seule vraie raison pour laquelle on peut avoir envie aujourd'hui encore de regarder *Kismet*.

Sternberg, en guise d'aigre et désobligeante justification, prend à un moment donné la peine d'énumérer tous les cinéastes qui, après sa séparation avec Marlene, l'ont dirigée dans des films moins mémorables et « classiques » que les sept de leur prodigieuse série. Dietrich, de son côté, ne songe nullement à brandir les films que Jo a tournés sans elle, et encore moins à énumérer les autres actrices qu'il a pu diriger. Sa réplique indirecte est plus cruellement expéditive, sous forme d'humble honnêteté. Dans ses Mémoires, elle proteste contre les listes de « films de Marlene Dietrich » qui incluent ceux où elle ne fait qu'une apparition : « C'est une escroquerie, et surtout c'est très humiliant pour les vedettes de ces films [12]. »

Ce phénomène cannibale de détournement d'attention n'était-il pas très exactement calculé par celle qui le dénonce ? Il l'était sûrement dans l'élaboration et dans le résultat, mais pas nécessairement dans la conséquence annexe. Car comment reprocher à Marlene de supplanter tout le monde dans une entreprise hasardeuse, parce qu'elle y est la seule à se soucier de nécessité et de perfection, et à se montrer absolument attentive et donc « très présente » ? La formule en anglais est plus parlante encore : « *to be all there* », « être entièrement là ». Quoi qu'il en soit, lorsque *Kismet* sort à New York, le 22 août 1944, en obtenant un grand succès public, les jambes dorées de Dietrich couvrent une énorme affiche horizontale où l'image de la vedette officielle, Ronald Colman, se trouve reléguée au second plan.

Or Marlene n'est pas là pour le constater. Car, le 4 avril, elle s'est envolée à New York, dans les transports militaires aériens, prenant l'avion pour la première fois, afin de rejoindre les armées de libération, d'abord à Casablanca, puis pour suivre la campagne de guerre en Europe, durant plus d'une quinzaine de mois. Une des raisons décisives de son départ sur le front, sûrement, est que Jean Gabin se trouve en Afrique du Nord, ayant au début de l'année rejoint les Forces françaises libres, désormais équipées par les Américains, et combattant avec les Alliés.

C'est la première expérience de Dietrich seule sur scène et, tout de suite, l'épreuve est de la plus grande envergure. En Italie, elle chantera un soir devant des dizaines de milliers de soldats. L'animateur des spectacles se nomme Danny Thomas. Elle lui rend hommage : « Danny m'apprit à me ressaisir, à ménager des silences. Il m'apprit aussi le sens du rythme, comment déclencher le rire et comment l'arrêter, comme réagir devant tous ces hommes désespérés qui veulent vous humilier parce que vous ne vous battez pas. Cette animosité était la chose la plus difficile à vaincre. Danny, lui, réussissait magnifiquement [13]. » Elle se produit pour la première fois le 11 avril, à Alger, où elle retrouve Gabin. Elle a adopté et adapté son nouvel hymne, un titre d'origine allemande, par hasard homonyme de son prénom, et chanté d'abord par les nazis : *Lili Marlene*. D'Alger elle se rend à Naples, et parcourt une Italie qui est en pleins combats, depuis le débarquement à Anzio, le 22 janvier. Elle contracte une pneumonie, et s'estime sauvée par la pénicilline, introduite en thérapeuthique seulement deux années plus tôt.

Quelques années plus tard, durant l'été 1949, à Londres, alors qu'elle tourne avec Hitchcock, elle invite à dîner Alexander Fleming. Elle le fait par l'intermédiaire d'un ami commun, Mischa Spoliansky, qu'elle connaît depuis ses années berlinoises : c'est lui qui a composé les musiques de *C'est dans l'air*, et de *Deux cravates*, la « bouffonnerie » où Sternberg l'a découverte. Durant le dîner avec Fleming, les conversations restent superficielles : « Mes amis et moi nous étions promis de ne pas lui dire un mot de la pénicilline, parce que j'étais persuadée qu'il ne voulait plus en entendre parler [14]. » Mais alors : « Brusquement, Fleming plongea la main dans la poche de sa veste. Un ange passa. Il en sortit un petit objet, qu'il me tendit par-dessus la table en disant : "Je vous ai apporté quelque chose." Touchant sa main, je pris l'objet. C'était rond, recouvert de verre. "C'est la seule chose que j'ai pensé pouvoir vous offrir, me dit-il. Il s'agit de la première culture de pénicilline." Nous faillîmes tous pleurer [15]. »

Les troupes alliées entrent dans Rome le 4 juin 1944. Le 6 juin, c'est le débarquement en Normandie. Paris est libéré le 25 août. L'Armistice ne sera prononcé que dans une dizaine de mois. Dans le Nord, les nazis résistent. C'est la bataille des Ardennes, qui fait près de quatre-vingt mille victimes parmi les soldats américains. Marlene y est présente. Elle se souvient des rats et des morpions, du froid et des engelures, de l'inconscience et de la détresse des prisonniers et des blessés allemands, à qui elle vient parler dans leur langue ; et puis :

Le bruit courut à nouveau que le front serait renforcé par les Forces françaises libres et la 2ᵉ DB. Un après-midi, le spectacle ayant été annulé, je suppliai un sergent de me procurer une jeep pour partir à la recherche de Gabin. Le soir tombait sur un grand nombre de chars, épars dans un champ. Je me mis à courir, cherchant des cheveux gris sous une casquette de fusilier marin. La plupart des soldats étaient des gamins ; tranquillement assis, ils

contemplaient le crépuscule. Soudain, je le vis de dos. Je criai
son nom, il se retourna et dit : « Merde ! » C'est tout [16].

Il saute de son char. Ils s'étreignent. Et il reprend
la route.

« C'est alors que se situe l'anecdote de guerre de
Dietrich qui reste ma préférée », rapporte avec
incrédulité Maria Riva. « Un avion de la 82ᵉ Division aéroportée déversa sa cargaison d'hommes
dans les airs aux seules fins de sauver une star
héroïque [17]. » Le commandant de cette division se
serait personnellement chargé de sauver Marlene et
de la véhiculer en jeep jusqu'à Paris. C'est le général James Gavin. Il devient un de ses amants. Son
nom ne diffère que par une lettre de celui de Gabin.
Quoi qu'il en soit, il existe une admirable photo
floue de Dietrich en Hollande, petit personnage
pris de dos, en uniforme, levant les yeux vers un
vaste ciel, où sont lâchés des centaines de para-
chutistes de la division de Gavin.

En novembre 1947, le gouvernement américain
lui accordera la plus haute distinction nationale, la
médaille de la Liberté ; elle est la première femme
à l'obtenir. En 1951, elle reçoit des mains de Henri
Bonnet, ambassadeur de France à Washington,
l'insigne de chevalier de la Légion d'honneur ; elle
sera faite officier par Georges Pompidou en 1971,
et commandeur par François Mitterrand en 1989.

Marlene arrive à Paris en février 1945. Avant
même l'Armistice, elle se rend en Allemagne. Elle
y revoit sa sœur Elisabeth, à Bergen-Belsen, ce
camp de la mort découvert par les Alliés en avril,

et dont une des milliers de victimes fut Anne Frank. Le mari de Liesel, Georg Will, y a dirigé le cinéma et la cantine de la Wehrmacht. Ils échappent plus ou moins aux duretés de la dénazification. Mais Dietrich, désormais, niera jusqu'à l'existence de sa sœur. Rappelée à New York, elle y atterrit le 13 juillet, pour découvrir qu'elle n'a plus d'argent en banque : rien d'inquiétant, étant donné sa capacité d'en gagner. Son angoisse se porte ailleurs, sur le sort de sa mère, sans doute tourmentée par les nazis, et maintenant par les occupants. À la mi-septembre, les services de Gavin retrouvent Josefine von Losch. Ils en informent Marlene, qui part aussitôt pour Berlin. Avant de revoir « Mutti », elle a pu lui téléphoner, et l'enregistrement de leur conversation a subsisté : « Josefine : Lena, je suis tellement contente et tellement reconnaissante de tout ce que tu as fait. Marlene : Maman, tu as souffert à cause de moi, je regrette, pardonne-moi. Josefine : Oui, mon amour[18]. » Josefine meurt durant la nuit du 6 novembre 1945, dans son sommeil, peu avant son soixante-neuvième anniversaire.

De retour à Paris, Dietrich veut concrétiser un grand projet sentimental, tourner un film en français avec Gabin. Ce sera l'occasion d'une série d'erreurs de jugement, si rares dans sa carrière. La première de ces erreurs ôte de son répertoire la plus internationalement célèbre de toutes les chansons de Jacques Prévert et Joseph Kosma, écrite pourtant spécialement pour elle : *Les Feuilles mortes*, qui dans sa version américaine, *Autumn Leaves*, non seulement sera glorifiée par des *crooners* et des musiciens jazz, mais servira de bande sonore et même de titre à un des plus flamboyants mélodrames de Joan Crawford, tourné en 1956 par Robert Aldrich.

Bref, ni Dietrich ni Gabin ne figurent dans *Les Portes de la nuit*, de Marcel Carné, et ce n'est donc pas Marlene qui y fredonne la chanson du générique. Une autre de ses erreurs françaises a été de refuser de tenir le rôle de la Princesse, c'est-à-dire de la Mort, dans l'*Orphée* de Jean Cocteau, sorti en 1949. Là, notre regret est plus vif, même si Maria Casarès y est saisissante. Cependant, nous nous consolons à l'idée que Marlene Dietrich ait tout de même incarné, dix ans plus tard, une autre sorte d'allégorie de la Mort, sinon dominatrice, du moins omnisciente, dans un autre chef-d'œuvre d'un tout autre génie (*Touch of Evil*, d'Orson Welles).

Mais ce dont on a du mal à se consoler, c'est qu'elle ait tourné, en été 1946, *Martin Roumagnac*. Citons le jugement de Maria Riva : « Le naturel merveilleux de Gabin y devient figé, même dans sa propre langue, et son jeu, entravé par l'accumulation des procédés, tourne à la caricature. Quant à Dietrich, elle est tout simplement atroce [19]. » En effet, se demande-t-on, comment, elle, Marlene Dietrich, si lucide et implacable dans les studios américains avec sa propre image, et si admirablement perfectionniste avec Irene et surtout Travis Banton, a-t-elle pu accepter de se faire frisotter comme Suzy Delair ou comme Odette Joyeux, avec une petite moue boudeuse dessinée au rouge à lèvres et d'affreuses robes printanières à manches gigot et en cotonnade fleurie ? Et comment a-t-elle pu cautionner un personnage « féminin » de faire-valoir de Gabin, qui ne tient aucun compte de sa légende, et qui semble conçu en prenant pour modèles Mireille Balin, Ginette Leclerc ou Viviane Romance, lesquelles y auraient été sûrement beaucoup plus à leur aise ? L'amour fait-il donc baisser toutes les armes ? En l'occurrence : l'amour aveugle, non seulement pour Gabin, mais surtout pour la France. Enfin, comment sa dure clairvoyance ne lui a-t-elle pas dicté de ne pas s'en remettre aux mains de Bona de Fast pour le maquillage, d'Huguette Adam pour les frisottis, de Jean Desses pour les fleurettes et les manches gigot, étant donné l'état pitoyable de la mode française après l'Occupation, dont témoignent les affligeantes mochetés de *Falbalas* (1945), de Jacques Becker, film par ailleurs évidemment doué de style, qui n'est pas celui des robes. *Martin Roumagnac*, de Georges Lacombe, demeure comme un exemple singulier des ravages de la « francisation » d'une star américaine, dans un domaine où c'est plus généralement l'américanisation des Françaises ou des Européennes qui, après la guerre, s'est montrée dévastatrice.

Du moins quant au costume et au maquillage, Marlene se ressaisit aussitôt avec son premier retour à la Paramount depuis *Angel*. Dans l'aberrant *Golden Earrings*, qu'elle tourne d'août à octobre 1946 sous la direction de Mitchell Leisen, elle incarne, avec une énergie retrouvée et une jubilante drôlerie, une gitane primitive et farouche qui apprivoise, dresse, maquille, accoutre et féminise un officier anglais horrifié, que la guerre met à sa merci. Bref, ainsi que *Kismet* l'était uniquement en raison de la perfection de ses jambes dorées, *Les Anneaux d'or* ne sont vraiment mémorables que pour l'incontestable et incontestée réussite de la perruque noire graisseuse et du fond de teint bistré de Lydia, qui mettent singulièrement en valeur la lumineuse présence de ses yeux clairs, et que Dietrich reproduira pour la Tanya de *La Soif du mal*.

Son film suivant, tourné de décembre 1947 à février 1948, également pour la Paramount, est nettement plus marquant en soi. C'est *A Foreign Affair* (*La Scandaleuse de Berlin*) de Billy Wilder. Son rôle y est celui d'une Allemande compromise avec le nazisme qui, « dans les ruines de Berlin » (titre d'une des merveilleuses chansons du film, de nouveau composées par Friedrich Holländer), tâche de survivre en divertissant les troupes d'occupation et en séduisant les officiers américains. C'est seulement en apparence que cette donnée humaine équivoque prend le contre-pied du franc engagement contraire de Marlene, car pour le reste le mythe resurgit entièrement.

On la voit portant sa tenue de combat, la robe moulante et pailletée d'Irene, pour chanter *Black Market* (*Marché noir*), accompagnée au piano par Holländer dans un bouge turbulent filmé avec presque autant de virtuosité que celui de *L'Ange bleu* ; et la précision de sa gestuelle, l'irisation de la lumière autour de ses mouvements hiératiques font de son numéro le plus magistral depuis ceux filmés par Sternberg, avec la différence que cette maîtrise est désormais entièrement le fait de son art personnel, capté avec une intelligente et respectueuse connivence par un brillant metteur en scène. L'hommage à Sternberg est bien sûr délibéré. On retrouve jusqu'à une réjouissante ambiguïté lesbienne : Erika von Schlütow qui sifflote en se déshabillant dans la pénombre de sa chambre, devant sa rustique, puritaine et faussement frigide rivale, Phoebe Frost (quelque chose comme Lune Givrée). La constante ironie individuelle sur un sujet collectivement tragique est à la fois la force et la faiblesse de ce film remarquable : la force étant dans l'aisance manifeste de Wilder face à la puissance de Dietrich ; la faiblesse, dans l'emploi de formules trop explicatives, et dans l'absence d'engagement intime du cinéaste.

Le 4 juillet 1947, à New York, Maria épouse William Riva, et leur premier enfant, John Michael, naît le 28 juin 1948. C'est pour Dietrich l'occasion, en août, mois de la sortie de *A Foreign Affair*, d'avoir l'honneur plus ou moins galant de figurer en couverture de *Life*, en tant que *« most glamorous grandmother in the world »*, « grand-mère la plus *glamour* du monde » : « Titre qu'elle méprisait secrètement mais qu'elle acceptait officiellement avec une feinte dévotion, non sans accuser mon mari de m'avoir mise enceinte, ce qui ne manquait pas de "compliquer" sa vie [20] », commentera Maria Riva. Le jeune couple pense pouvoir prendre quelques jours de vacances et confier le bébé à

Marlene. « Elle isola le rez-de-chaussée avec des draps stérilisés, récura toute la maison à grand renfort de Javel et d'Ajax, boucha les fenêtres avec du ruban adhésif, se fit livrer des uniformes de nurse, se mit en tenue, et le bébé quitta sa jolie nursery toute neuve pour le bloc opératoire où Dietrich régnait en maître. [...] Quand nous rentrâmes, elle était convaincue qu'elle avait mis mon fils au monde. À l'âge de quatre-vingt-dix ans, elle m'accusait encore de le lui avoir volé[21]. »

À Londres, de juin à septembre 1949, Marlene tourne avec Alfred Hitchcock, lequel, contrairement à Wilder, paraît avoir été techniquement mal à l'aise avec elle. « Miss Dietrich est une professionnelle. Une actrice professionnelle, un cameraman professionnel, une costumière professionnelle[22]. » Cet éloge, si souvent cité, est bien sûr ambigu, venant de lui. Mais il y a aussi ceci d'indirectement et cruellement plus flatteur : « Chaque fois que [Jane Wyman] voyait les rushes et l'allure qu'elle avait à côté de Marlene, elle éclatait en sanglots[23]. » Dietrich est à peine moins ambivalente dans son hommage : « Ce qui m'a le plus impressionnée chez Hitchcock, c'est son autorité tranquille, sa faculté de donner des ordres sans passer pour un dictateur[24]. » Portant des robes de Dior qu'elle a elle-même choisies à Paris, réglant ses propres éclairages, elle a pour partenaire le jeune et ténébreux Richard Todd. Mais c'est du séduisant partenaire de Jane Wyman, le tout aussi jeune Michael Wilding, qu'elle fait son amant.

Peu frappante parce que curieusement impersonnelle, dans *Stage Fright* (*Le Grand Alibi*), est l'habileté avec laquelle Hitchcock filme les deux chansons dont Dietrich fera par la suite de grands moments de ses récitals, *The Laziest Gal in Town* de Cole Porter, et surtout *La Vie en rose*, empruntée à Édith Piaf. En réalité, Hitchcock semble intéressé par Jane Wyman incarnant la terne, comique et attachante petite Eve Gill, rivale de Charlotte Inwood, à l'inverse de Wilder qui ne l'était pas par Jean Arthur en Phoebe Frost face à Erika von Schlütow. Wyman est d'ailleurs la star désignée du film. L'année précédente, elle a obtenu un Oscar pour son rôle de sourde-muette orpheline enceinte meurtrière de son violeur (comme pour illustrer jusqu'à la caricature les sarcasmes dont Marlene, qui n'en a jamais obtenu, a toujours couvert les Oscars), dans *Johnny Belinda*, de Jean Negulesco. La bande-annonce d'époque de *Stage Fright* fait toute sa publicité sur la jeune vedette récemment consacrée. Dietrich n'y est montrée qu'en passant. Pourtant, un demi-siècle plus tard, lorsqu'on interviewera la vieille Jane Wyman pour les « bonus » d'une resortie en DVD, ce sera pour la faire parler autant de Marlene que de Hitchcock.

Durant cette période, au début des années cinquante, après une grave intervention chirurgicale, Rudi achète une ferme en Californie, dans la vallée de San Fernando, grâce au prêt de 10 000 dollars d'un ami banquier. Sa fille commente : « Ma mère était furieuse. Dès qu'elle apprit l'identité de la personne qui avait contribué à cette indépendance, elle en fit son ennemi mortel. [...] Plus tard, elle manœuvra pour éponger les dettes de mon père, et sa ferme devint "le ranch de Papi, celui que je lui ai acheté". Mais, à ce moment-là, mon père, qui se préparait à une deuxième crise cardiaque, se savait battu et s'en moquait éperdument. C'était sa dernière défaite, et il le savait[25]. » En 1951, Marlene acquiert une maison pour Maria et la famille Riva, à Manhattan, 95ᵉ Rue Est, pour la somme de 43 000 dollars. Elle-même ne sera pas propriétaire de l'appartement où elle finira ses jours.

Le dernier de la série de sept films que Dietrich fait en cinq ans juste après la guerre est dirigé par un autre très grand maître, à propos de qui elle écrira sans nuance : « Le metteur en scène que j'ai le plus détesté fut Fritz Lang[26]. » *Rancho Notorious* (*L'Ange des maudits*) subsiste cependant pour d'autres raisons que cette animosité, issue, selon Marlene, du désir rageur de Lang de se montrer tyrannique avec elle par jalousie envers Sternberg — et aussi, sans doute, comme pour venger le créateur de cette créature, ajouterons-nous. Quelles qu'en soient les causes, et même si des références explicites sont faites non pas à *Der blaue Engel*, mais à *Destry Rides Again*, l'envoûtement nostalgique autour d'une Dietrich de cinquante ans se nimbe manifestement du souvenir de l'ancienne magie sternbergienne. Le tournage dure d'octobre à décembre 1951. La première a lieu à New York le 20 mai 1952. Elle marque la fin réelle, à l'écran, du cycle qui a été amorcé avec *L'Ange bleu*, et que Dietrich, sûrement aussitôt consciente de cette nécessité, va transmuer et reconvertir seule, à la scène, et sans perdre de temps.

Pour conclure ce pénultième chapitre, et à défaut de broder sur *Rancho Notorious,* tirons encore une fois succinctement parti des témoignages et documents, même apocryphes, collectés par Steven Bach. Fritz Lang, à son arrivée à Hollywood, en 1934, aurait eu une brève aventure avec Marlene (l'année donc où elle tourne *The Scarlet Empress*). Il y aurait mis fin parce que, encore au lit avec lui, elle aurait décroché le téléphone sur la table de chevet pour prendre rendez-vous avec un autre homme. Ce ragot, si toutefois on admet son bien-fondé, rend d'autant plus vraisemblables les propos suivants, attribués à Lang :

[Marlene Dietrich] a bâti toute sa vie sur une vaste illusion. Elle croit qu'elle est la femme la plus belle et la plus séduisante du monde, et elle a vendu au public cette image qu'elle a d'elle-même. Cela fait d'elle un personnage tragique. Après tant d'histoires amoureuses, elle est seule... Peut-être est-ce parce qu'elle n'était jamais satisfaite de ce qu'elle avait. Quand elle aimait un homme, elle se donnait complètement, mais continuait d'en chercher un autre. [...] À sa façon, je suppose qu'elle était toujours fidèle à ses amants. Sternberg, je crois, fut le seul homme qu'elle ait vraiment trahi : Sternberg l'a créée, et la créature a détruit le créateur [27].

La scène et la fin

« Marlene Dietrich n'est pas une femme ordinaire : sa capacité de captiver notre jury de semblables est remarquable. En Israël, elle a été acclamée lorsqu'elle a chanté en allemand, tabou jusqu'alors sur scène[1]. »

On lit cela dans *Fun in a Chinese Laundry*, au tout début du chapitre consacré à « Frau Dietrich ». Cette remarque louangeuse paraît avoir été ajoutée par acquit de conscience, ou par repentir, comme si Sternberg se sentait tenu de faire la part d'une froide admiration, avant de se lancer dans de virulents sarcasmes sur la façon dont Marlene s'est parée et emparée de lui au cours de ses récitals. Le fait que ce soit Israël qui inspire l'éloge objectif n'est sûrement pas indifférent. Peut-être, en l'occurrence, Jo s'est-il souvenu qu'il était juif ?

C'est immédiatement à la suite de son retour très controversé sur les scènes de son pays natal, après plus de trente années, que, pour une réconciliation avec la « vraie » Allemagne qu'elle incarne, Dietrich chante pour la première fois en Israël : le 17 juin 1960, à l'Auditorium Mann de Tel-Aviv, puis, les jours suivants, à Jérusalem et à Haïfa. Elle y retourne en février 1966 : le 12 et le 24 au Kibboutz d'Ein Gev, le 15 à Tel-Aviv, les 18 et 19 à Jérusalem, le 23 à Haïfa. Elle ne retournera chanter en Allemagne que le 6 octobre 1962, à Düsseldorf, pour un gala de l'Unicef. Elle ne se produira plus en Israël après la guerre des Six Jours.

La deuxième carrière de Marlene, ou la quatrième, si l'on compte comme carrières les années berlinoises et les mois de guerre, commence le 15 décembre 1953 à Las Vegas, dans le Nevada, pour s'achever en fin septembre 1975 à Sidney, en Australie. Maria Riva reproduit une lettre que sa mère lui écrit le 13 août 1953 pour lui annoncer le premier engagement : « Le Sahara m'a offert 30 000 dollars par semaine pour une durée de trois semaines, ce qui dépasse le cachet le plus élevé, 20 000 dollars, celui que [Tallulah Bankhead] avait touché au Sands. Et le contrat sera renouvelé l'année suivante. J'ai donc accepté. Je passe du 15 décembre au 5 janvier. C'est quand même assez drôle de gagner autant d'argent cette année sans tourner un seul film[2]. » Au sujet de Las Vegas, Dietrich écrit dans son *ABC* : « J'adore cette ville. Pas de pendules. Pas de verrous. Pas de restrictions. Pas de main lourde de la loi sur votre épaule quand vous faites rouler les dés[3]. » Et quant aux gangsters, avec qui elle a nécessairement traité là-bas, elle estime, paraît-il, que leur code d'honneur s'accorde très bien avec le sien.

Marlene conçoit alors sa tenue de scène, avec Jean Louis et la couturière Elizabeth Courtney.

Dans la volonté de synthétiser visuellement la totalité de Dietrich, de même que par le choix de l'enchaînement des chansons, elle va tâcher d'évoquer la gamme entière de ses personnages, elle invente un genre nouveau de robe à effet de lumière et de nu. Son perfectionnisme récapitulatif fait encore une fois d'elle une pionnière qui sera imitée. Le vétéran Orry-Kelly, par exemple, costumera d'un souffle moulant de tissu pailleté Marilyn Monroe grattant son petit youkoulélé dans *Certains l'aiment chaud* (*Some Like it Hot*, 1959), avec un résultat excessivement sexy, bien entendu, mais désastreux quant au chic. Or le chic est le sens même de l'impact érotique de Dietrich, qu'elle paraisse nue ou non, clinquante ou non : « À mes yeux, mon physique était d'une importance cruciale, car je ne me faisais aucune illusion sur ma voix[4]. » La voix pourtant, ou certainement le timbre, contient toute la personnalité, avec sa charge accumulée d'expérience et d'envoûtement. Et quant au « physique » : l'âge, de toute façon, non pas l'invincible vieillesse, évidemment, mais la maturité, au lieu d'être un obstacle, incite à plus de décision et plus d'idéalisation encore, avec pour conséquence de rendre le mirage plus puissant, plus déroutant et, par conséquent, d'autant plus convaincant.

Nous avons employé la formule d'un « Hercule sans emploi » pour l'appliquer d'une façon androgyne au dandysme de la jeune Marlene sous-évaluée des années berlinoises. Convoquons de nouveau Baudelaire pour définir la Dietrich mûre et triomphale de Las Vegas et des autres scènes du monde, en citant ici un fameux passage du *Peintre de la vie moderne* (1863), dans son style impérieux et merveilleux :

La femme est bien dans son droit, et même elle accomplit une espèce de devoir en s'appliquant à paraître magique et surnaturelle ; il faut qu'elle étonne, qu'elle charme ; idole, elle doit se dorer pour être adorée. Elle doit donc emprunter à tous les arts les moyens de s'élever au-dessus de la nature pour mieux subjuguer les cœurs et frapper les esprits. Il importe fort peu que la ruse et l'artifice soient connus de tous, si le succès en est certain et l'effet toujours irrésistible.

Pour préfacer le catalogue d'une exposition des robes de Dietrich au musée Galliera, ouverte en juin 2003 au moment où l'on inaugure, tout près de là, la place Marlene-Dietrich, « comédienne et chanteuse américaine d'origine allemande », précise la plaque, Maria Riva rédige, sous le titre de « L'Histoire d'amour de Marlene avec Paris », quelques autres lignes pénétrantes dans une optique antinaturaliste au fond analogue à celle de Baudelaire :

Il est très possible que la plus grande contribution de Marlene à la mode ait été sa conviction que le corps humain, étant fondamentalement imparfait, avait grand besoin de génie artistique pour atteindre la perfection, et que l'élégance obtenue par les vêtements était la meilleure, et sans doute même la seule, solution réalisable [5].

La première robe créée pour les récitals au Sahara s'appelle « Feuilles ». Sur le maillot moulant de soie épaisse couleur chair, de la nuance exacte de la peau de Marlene, enfilé pour maintenir fermement la silhouette, et montant jusqu'au cou enserré d'un collier de strass, se trouve ajustée une draperie de gaze translucide, brodée de longues feuilles en perles, qui se déploient sur la jupe, et qui, sur le corsage, s'arrêtent au-dessous des seins qu'elles paraissent ainsi soutenir comme des mains ouvertes. Pour la diversité des jeux de scène, il y a de plus un manteau « Souffle », bordé de fourrure, rappelant un célèbre déshabillé conçu par Travis Banton pour *Angel*. Portée en juin suivant à Londres, au Café de Paris, cette tenue suggestive provoquera dans la presse anglaise des commentaires grossiers, sous prétexte de délicatesse offensée. Au Café de Paris, Dietrich est annoncée sur scène par quelques drôleries que scande la voix nasale de Noël Coward, et dont le sens est (ici hélas sans les rimes ni les rythmes cocasses) :

« Nous savons que Dieu a fait les arbres / Et les oiseaux et les abeilles / Et les mers pour que les poissons nagent dedans / Nous n'ignorons pas non plus / Qu'Il a été bien inspiré / En créant les femmes exceptionnelles [6].

L'encens est répandu par des amis écrivains très aisément convoqués, mais en l'occurrence bien inspirés par l'idole célébrée, et trouvant des formules frappantes. Ainsi Ernest Hemingway, dans un article du magazine *Life*, un peu plus tôt, le 18 août 1952 :

Si elle n'avait rien de plus que sa voix elle pourrait vous briser le cœur avec. Mais elle a ce corps magnifique et le charme intemporel de son visage. Peu importe la façon dont elle vous brise le cœur si elle est là pour le réparer.

Et Jean Cocteau, pour une présentation au *Bal de la Mer* de Monte-Carlo, lue par Jean Marais, le 17 août 1954 :

Marlene Dietrich... Votre nom débute par une caresse et s'achève par un coup de cravache. Vous portez des plumes et des fourrures qui semblent appartenir à votre corps comme les fourrures des fauves et les plumes des oiseaux. Votre voix, votre regard sont ceux de la Lorelei, mais Lorelei était dangereuse ; vous ne l'êtes pas parce que votre secret de beauté consiste à prendre soin de votre ligne de cœur.

Comme les films, comme les disques, comme les photos, comme les papiers, toutes les tenues de scène de Marlene sont désormais des pièces historiques, objets donc de pieuses expositions et de savants catalogues, avec des descriptions techniques telles que celle-ci (due à Barbara Schröter), autre type d'analyse critique de l'*œuvre* Dietrich :

Le corsage transparent de la robe « Vent » est très ajusté jusqu'aux hanches. Un drapé attaché à la manche droite retombe avec souplesse par-dessus l'épaule gauche et atteint le sol. Un autre drapé va de la manche droite à la hanche gauche et remonte à l'arrière vers l'encolure. Deux écharpes flottent dans le dos. La jupe posée sur le jupon est coupée dans plusieurs épaisseurs circulaires ; finement plissée à la taille, elle est fixée très bas sur les hanches. L'ampleur du bas de la jupe est de soixante mètres. Deux pans du dos sont retenus devant, au niveau des hanches, par une broche en forme d'hippocampe. Le bas, sans ourlet, est simplement coupé, car le tissu ne s'effiloche pas. Les coutures sont alourdies par des perles de verre. [...] Cette robe s'accompagnait d'une cape, qui a disparu, sorte de rideau de plumes fixé autour du cou et couvrant le côté droit de Marlene [7].

Cette tenue « Vent », animée par le souffle d'un ventilateur, est portée pour la deuxième série de récitals dans la *Congo Room* du Sahara Hotel, du 15 octobre au 4 novembre 1954. C'est par ailleurs une évocation des draperies du *Jardin d'Allah*, sur cette silhouette gainée et sculpturale dont le moule référentiel, peut-on dire, est la statue nue du *Cantique des cantiques*.

Énumérons la suite des robes, pour le pur plaisir d'enchaîner des mots de conte de fées, incarnés par une enfant de Berlin qui, inlassablement, avec ses déguisements, recommencerait à Las Vegas et ailleurs sur la terre l'enchantement de *Peau d'Âne* : la robe « Plumes » (pour le Sahara, en octobre 1955), la robe « Anguille » et le manteau « Cygne » (pour le Sands, en février 1957), la robe et le manteau « Franges de Diamants » (pour le Sahara, en mars 1958), la robe « Fleurs » (avec des petites ampoules électrifiées, restée un rêve de 1958 jamais matérialisé), la robe « Cristal Jaune » et le manteau « Plumes Jaunes » (pour le Sahara, en mai 1959), la robe et le manteau « Poisson » (pour le Riviera Night Club, en novembre 1960), la robe « Taches » et le manteau « Cristal » (peut-être pour le Riviera Night Club, en février 1962), enfin la robe et le manteau « Or » (dans lesquels, en Australie, elle se produit pour la dernière fois). Mais il faudrait aussi ajouter les fracs masculins, portés avec des pantalons, ou avec les jambes gainées de soie noire ; et, naturellement, le masque du maquillage et l'attirail des perruques.

Et puisque nous en sommes aux listes, imaginons l'enchantement dans des villes qui elles aussi font déjà rêver par leur seul nom : Paris, à l'Olympia en mai 1962, au Théâtre de l'Étoile en novembre 1959 (pour la première fois avec Burt Bacharach), ou à l'Espace Cardin en septembre 1973 ; Saint-Moritz en décembre 1962 ; Gstaad en février 1964 ; Moscou en juin 1964 ; Taormina en août 1964 ; San Francisco en septembre 1964 et en décembre 1973 ; New York, au Lunt-Fontanne Theatre en octobre 1967 et au Mark Hellinger Theatre en octobre 1968 ; Rio de Janeiro en juillet 1959 et en novembre 1974 ; Buenos Aires en août 1959 ; Mexico en juin 1974 ; Caracas puis Tôkyô en décembre 1974. Marlene a maintenant soixante-treize ans. Elle continue de se produire : en 1975, en mai et juin, dans des endroits aussi peu « glamour » que Memphis, Cleveland, Atlanta ou Columbus ; et, toujours selon les répertoires d'archives, Flint, dans le Michigan, les 19 et 21 juillet. Satellite industriel de Detroit, dévasté à la suite des émeutes raciales de 1967 et de la fermeture des usines de la General Motors, sujet du film politique satirique de Michael Moore, *Roger and Me* (1989), Flint et ses décombres formaient sûrement déjà en 1975 une des images les plus effrayantes du « grand désastre américain ». C'est une autre campagne de guerre, et Dietrich est de nouveau sur le terrain, même si en l'occurrence elle y est très certainement perdue. Décombres pour décombres, son adversaire intime, la vieillesse, remporte bientôt la victoire.

À Sydney, en Australie, le 29 septembre 1975, se produisant dans sa robe « Or », Marlene fait une chute au moment du salut et elle se casse le fémur gauche. Ce n'est pas la première fois. Depuis longtemps déjà elle boit avant d'entrer en scène, et souvent, elle titube. Deux ans plus tôt, en novembre 1973, au festival de Shady Grove, dans la périphérie de Washington, voulant serrer la main du chef d'orchestre en fin de spectacle, elle tombe dans la fosse et se déchire la jambe gauche. Elle en fait le récit dans ses Mémoires : « Je poursuivis ma tournée dans d'autres villles américaines, puis au Canada, la jambe bandée, ma plaie refusant, en dépit de soins quotidiens, de se refermer[8]. » On la soigne enfin deux mois plus tard, par une greffe de peau, dans un hôpital de Houston. L'été suivant, en août 1974, elle fait une chute dans son appartement parisien, 12 avenue Montaigne, et se fracture la hanche droite. Une broche, qui lui est fixée au Columbia Presbyterian Hospital de New York, lui permet semble-t-il de remonter sur scène dès le 11 septembre, à l'hôtel Grosvenor House de Londres.

Bien avant cela, en mai 1960, au cours de sa tournée en Allemagne, qui lui vaut les hostilités des nostalgiques du nazisme, et d'être injuriée à Düsseldorf par une jeune fille qui lui crache au visage, mais d'avoir le soutien officiel de Willy Brandt, alors maire de Berlin-Ouest, et finalement un triomphe public (soixante-quatre rappels pour la dernière, le 27 mai, à Munich), elle perd l'équilibre sur scène à Wiesbaden, et se casse l'épaule. Elle n'en tient pas compte sur le moment. Elle se souvient : « Le même soir, je dînai avec Josef von Sternberg, qui était venu accompagné de son fils, et ce ne fut qu'une fois dans ma chambre que je compris que cette "éraflure" était peut-être quelque chose de grave[9]. » Était-elle émue, et fut-elle déstabilisée, par la présence de Sternberg dans le public ? Quoi qu'il en soit, le diagnostic étant établi, elle décide, avec Burt Bacharach, de ne pas annuler la tournée : « J'appris à chanter sans me servir de mes bras, à maîtriser les mouvements d'un seul bras, et croyez-moi, je m'en sortis plutôt bien[10]. »

Mais, quinze ans plus tard, l'accident de Sidney exige des semaines d'immobilité, que Marlene passe au même hôpital Columbia de New York. « On vous visse une pièce métallique dans votre tibia, juste sous votre genou, puis on attache quelques kilos à la broche dont les extrémités dépassent de part et d'autre de la jambe. Voilà ce qu'on appelle "traction". Un enfer[11] ! » C'est la fin de l'ultime carrière, et donc, en somme, de toute véritable célébration de Dietrich. Recluse avenue Montaigne, durant ses insomnies elle griffonne en allemand, en anglais, en français, des poèmes dont un choix a été publié dans de luxueux albums, en Allemagne et en Italie, sous le titre de *Pensées noc-*

turnes. Le 9 avril 1985, à trois heures du matin, elle gribouille à l'encre rouge, et en anglais :

> N'est-ce pas étrange : / Les jambes / Qui ont fait / Ma montée vers la gloire / Facile, non ? / Sont devenues / Ma chute / Dans le malheur ! / Bizarre, non [12] ?

De cette carrière sur scène, on trouve dans le commerce un témoignage capté trois ans plus tôt : un récital filmé en public, les 23 et 24 novembre 1972, au New London Theatre. Il paraît qu'il faut déplorer ce souvenir de Londres, et que c'est un pâle, terne et triste reflet de ce qui était magistral vingt ou même dix ans plus tôt. Et pourtant... Pourtant, lorsque Dietrich, telle que nous la voyons et la revoyons ici, après qu'elle a ôté les somptueuses volutes blanches de son manteau « Cygne » pour s'offrir dans la nudité de sa silhouette de lumière, écarte les bras en fermant les yeux pour commencer *La Vie en rose*, lorsque ses mains montent autour d'elle comme pour une prière, pour une extase, ou pour un commandement, lorsqu'elle reprend le refrain avec encore plus de gravité intérieure, l'envoûtement est incompréhensible tant les procédés sont simples, dans leur infinie poésie. La perfection, toutefois, relève de l'éternité, même pour une courte chanson, mais en ce qu'elle est la concentration de toute une vie « d'art et d'amour ». Une fois *La Vie en rose* terminée, Marlene lève son bras droit tendu en diagonale vers les cintres et, avec un bref sourire, elle fait, en direction du ciel, son fameux clin d'œil complice, en agitant le bout des doigts. On peut imaginer que le signe d'hommage et de connivence est adressé à celle qu'elle a aimée et admirée, et à qui elle a emprunté la possibilité de cette magie, Édith Piaf, morte depuis dix ans.

Aux récitals de Marlene Dietrich est associé le nom de Burt Bacharach. De près de trente ans son cadet, Bacharach se présente un jour à elle, en 1958, pour remplacer son accompagnateur du moment, Peter Matz, engagé par Noël Coward. Aussitôt, elle a manifestement le coup de foudre pour cet inconnu : « Jeune, très jeune, très beau, avec les yeux les plus bleus que j'avais jamais vus [...]. À dater de ce jour, je vécus uniquement pour chanter sur scène et lui plaire. Tel fut le bouleversement le plus marquant de ma vie professionnelle[13]. » Il refait l'accompagnement de ses chansons, lui indique comment les interpréter différemment, en propose de nouvelles. Et elle clame son amour au cours de leurs spectacles. Telle est, par exemple, sa déclaration au public, enregistrée à Chicago, au Arie Crown Theatre, le 1er décembre 1961, en une période où prend fin leur intimité :

Maintenant, j'aimerais que vous connaissiez un homme merveilleux, un homme que j'aime et que j'admire. Je l'aimais et je l'admirais depuis longtemps, mais dès que nous avons voyagé ensemble, d'abord en Amérique du Sud, puis dans toute l'Europe et en Israël, je l'ai admiré davantage. Je ne peux guère l'aimer davantage. C'est mon arrangeur, c'est mon accompagnateur, c'est mon chef d'orchestre, et j'aimerais pouvoir dire que c'est mon compositeur... mais ce n'est pas vrai. C'est le compositeur de tout le monde[14].

Puis, d'une voix hurlante : « *Beuth !... Bakrak !...* » Miséricorde ! Sternberg a-t-il entendu cela ?

Quant à l'influence de Bacharach, citons l'opinion de Noël Coward, telle qu'il l'a notée dans son *Journal*, après un récital au Théâtre de l'Étoile à Paris, en novembre 1959 : « [Marlene] a adopté une assurance dure et agressive, elle beugle chaque chanson brutalement et sans finesse. Tout son charme hautain et presque paresseux a été submergé par un style bruyant, "prends-en-plein-la-face", qui, selon moi, est désastreux. Cependant le public a adoré [15]. » C'est un jugement auquel on peut acquiescer, à l'écoute par exemple des pénibles désarticulations *jazzy*, renforcées de batteries pour cheval de cirque, de *The Laziest Gal in Town* ou de *Honeysuckle Rose*. Mais il y a aussi quelques orchestrations délicatement suaves, pour *I Wish You Love*, ou pour *La Vie en rose*. Et Marlene dans son livre explique d'une façon convaincante les raisons de son admiration pour l'arrangement de *Qui peut dire où vont les fleurs*, avec son effet de *crescendo* puis *decrescendo* instrumental, image sonore de la disparition de la jeunesse. De toute façon, les enregistrements, audio ou même vidéo, ne permettent jamais de juger exactement de l'impact physique sur scène.

Burt Bacharach est un musicien accompli. Il a étudié la composition avec Bohuslav Martinů, Henry Cowell et Darius Milhaud. En 1962, il trouvera la voix noire, épanouie et vibrante qui convient tout naturellement au genre que Marlene ne peut adopter en effet qu'en beuglant. Il donne à Dionne Warwick un des « tubes » les plus mémorables des années soixante, *Don't Make Me Over*. En 1965, c'est *What's New Pussy Cat?*, braillé par le timbre musclé de Tom Jones ; et ainsi de suite. En ce domaine comme dans les autres, Dietrich rencontre son époque en s'y pliant et en la manipulant. Bacharach est décidément lancé par l'amoureuse et clairvoyante Marlene : « À Las Vegas, quand je suggérai que son nom paraisse à côté du mien en lettres lumineuses, on refusa. Je finis pourtant par convaincre le directeur [16]. »

Dietrich tourne cependant. Elle figure dans six films de 1956 à 1964, en ne faisant parfois que traverser l'écran. Elle est avec Charles Laughton la vedette de *Témoin à charge* (1958), de Billy Wilder, comédie à suspense adaptée d'Agatha Christie et qui pourrait rappeler Hitchcock, où elle lâche la bride de son goût pour le déguisement, s'accoutrant en Cockney londonienne vulgaire et agressive avec une telle réussite, y compris l'accent, qu'elle en est repoussante. Dans *Jugement à Nuremberg* (1961), de Stanley Kramer, elle tient, comme veuve d'un noble officier, un rôle important, contribuant à réhabiliter l'honneur allemand en marge des horreurs nazies, et lui donnant une autre occasion d'interpréter un travesti, car elle y recrée en quelque sorte, en la stylisant, Josefine von Losch. Surtout, elle fait une des apparitions les plus saisissantes de toute sa carrière, dans le seul véritable chef-d'œuvre, en dehors de ceux de Sternberg, auquel elle ait participé, *Touch of Evil*

(*La Soif du mal*) d'Orson Welles, tourné en février et mars 1957, à Venice, faubourg de Los Angeles.

Dans un livre d'entretiens avec Peter Bogdanovitch, (*This Is Orson Welles*, publié en 1998) l'homme qui, quinze ans plus tôt, sciait Dietrich en deux pour le divertissement des troupes, raconte, à propos du personnage de Tanya, tenancière retirée de tripot mexicain, qui retrouve, sans s'attendrir, ce monstre de grosseur et de corruption qu'est devenu le flic américain Hank Quinlan :

Tout le rôle, vous savez, a été écrit après le début du tournage. Nous étions déjà bien avancés quand j'y ai songé. Alors j'ai téléphoné à Marlene et je lui ai dit que j'avais deux jours de travail pour elle et qu'il faudrait qu'elle porte une perruque noire parce que, lui ai-je expliqué : « Je t'ai bien aimée en brune dans *Golden Earrings*. » Elle n'a pas demandé à lire le script. Elle a juste dit : « D'accord, je vais faire un tour à la Paramount, je pense que cette perruque est encore là-bas. Et puis j'irai à la Metro pour trouver une robe. » [...] Cela a énormément aidé. Regardez ce qu'elle fait pour le film... cette scène où ces deux-là se rencontrent soudain. Et quand elle le voit flotter dans la baie... ça fait le film, vous savez. [...] Vraiment, Marlene a été extraordinaire là-dedans. Elle a été vraiment la Super-Marlene. La totalité de ce qu'elle a pu être se trouve dans cette scène de quatre minutes dans la petite maison [17].

Dietrich confirme et renchérit dans ses Mémoires :

Je me présentai à Santa Monica en avance, comme d'habitude, et je marchai vers lui, espérant un signe d'approbation, mais il se détourna de moi, avant de faire volte-face et de pousser un cri, car il ne m'avait pas reconnue du premier coup. Sa réaction dépassait mes espérances. Il me prit dans ses bras en

Remarque acceptable si l'on comprend qu'elle n'a jamais été autant Dietrich qu'en rassemblant tout Sternberg pour quelques minutes dans une grande œuvre de Welles. Mais c'est sûrement, de notre part, une illusion, un phénomène de persistance optique. Et il ne s'agit pas uniquement de Sternberg. Welles, du reste, déclare qu'il n'avait pas vu *L'Ange bleu* au moment de tourner *La Soif du mal*, quoique le pianola qui joue seul une rengaine démodée (démodée surtout en comparaison de la rythmique mexicaine et du *jazz hot* du reste de la bande sonore), afin d'annoncer l'apparition de Tanya, avec ses yeux clairs et durs, les fumées de son cigare et le cadre expressif de sa perruque noire, nous semble très fortement être une référence-calembour au pianola que Lola Lola, cuisses nues, faisait rimer avec son propre nom dans les paroles de la toute première chanson qui la révélait au monde.

Enfin, la fameuse oraison funèbre prononcée par cette Tanya en Lola vieillie et autrement déguisée, et qui conclut le film devant l'énorme cadavre de Quinlan flottant parmi les détritus : « *He was some kind of a man* », façon plus stylée de dire : « C'était un sacré bonhomme », et puis « *What does it matter what you say about people ?* », « Quelle importance, ce qu'on dit des gens ? » — cette oraison si mémorable dans son simplisme peut évidemment aussi bien s'appliquer à Marlene en personne.

Mais c'est une épitaphe différente que Dietrich demandera pour sa tombe du cimetière de Schöneberg, proche de celle de sa mère. Elle choisit de faire inscrire, au-dessus du seul prénom de Marlene surmontant ses dates (1901-1992), un vers du poète Karl Theodor Körner si jeune disparu (1791-1813) : « *Hier steh ich an den Marken meiner Tage* », « Je demeure ici à la marque de mes jours. » Et même si c'est une déclaration agnostique, paraissant nier l'existence d'un au-delà, c'est aussi une façon d'affirmer une présence éternelle.

Une autre belle et claire oraison sera lue, en français, par son amie Beate Klarsfeld, à Paris, le 12 juin 2003, pour l'inauguration de la place Marlene-Dietrich, située dans les environs de la place des États-Unis, au bout de la rue Hamelin, où mourut Marcel Proust, et non loin du 12 avenue Montaigne, où elle-même s'éteignit :

Marlene Dietrich, on ne s'en rend peut-être pas encore assez compte, est la personnalité féminine qui aura dominé ce vingtième siècle qui fut en politique dans le monde occidental celui de l'hitlérisme, en art celui du cinéma, et en sociologie celui de la libération féminine. Dans chacun de ces domaines, Marlene Dietrich a joué un rôle déterminant. [...] Marlene Dietrich est devenue un mythe. Y était-elle prédestinée ? La vie, le destin, les mythes tiennent souvent à peu de choses [19].

Le temps de toute existence a de déchirantes stagnations comme il a eu de miraculeuses envolées. Après sa chute au Her Majesty's Theatre de Sidney, et ses semaines de torture à l'hôpital Columbia de New York, Marlene se retire dans son appartement parisien, dont bientôt elle ne sortira plus. En 1979, elle se casse le col du fémur, refuse de rester à l'hôpital et, jusqu'à la fin, ne bougera plus de chez elle, gardant le lit. Cela durera treize années. Des détails révélateurs se trouvent dans le livre de Maria Riva.

C'est au cours de l'année 1979 que Marlene conclut son propre livre, avec un hymne à la capitale du pays pour laquelle, encore enfant, elle avait conçu un « amour passionné » :

Je vis maintenant à Paris... Sa lumière suffit à enchanter les cœurs les plus endurcis. La lumière de Paris est bleue. Je ne veux pas dire par là que le ciel est bleu. Il ne l'est pas ! Mais la lumière est bleue... La fascination exercée par Paris est tout aussi difficile à expliquer que l'amour entre un homme et une femme... On peut se reposer à Paris, laisser le monde poursuivre sa course effrénée... Il y a la solitude... La solitude n'est pas commode. Certains jours, ou certaines nuits, on se dit qu'il n'y a rien de mieux que la solitude. Mais il y a des jours et des nuits où la solitude est presque insupportable... Au bout d'un moment, on s'y habitue, mais cela ne signifie pas qu'on soit réconcilié avec elle... Je ne suis pas sortie indemne de ces années. Je suis profondément blessée. J'aimerais tant guérir, espérer contre tout espoir que mes cicatrices me feront un jour moins mal [20].

Sur l'état d'esprit de Dietrich durant sa réclusion, il y a le témoignage capital d'un documentaire réalisé par Maximilian Schell (qui vingt ans plus tôt avait joué avec elle dans *Jugement à Nuremberg*). Marlene, qui refuse d'être filmée, laisse enregistrer sa voix en septembre 1982, chez elle, avenue Montaigne. Énoncés d'une voix brisée et dérapante, ses commentaires sont montés et plaqués sur des images d'archives et quelques plans de l'équipe au travail, tournés pour la circonstance. Elle dénigre *L'Ange bleu*, dont elle se dit écœurée : «*Falling In Love Again*... ridicule !... qui a encore envie d'écouter ça ? », nie, entre autres, l'existence de sa sœur, raille («On a écrit cinquante-cinq livres sur moi. Ne croyez pas que je les lise pour voir combien je suis merveilleuse. Je me moque éperdument de moi»), règle son compte au féminisme (si elle-même a été une femme indépendante, ce n'était pas pour être l'égale des hommes, «c'était par nécessité»), avoue sa concession aux hommes (amour, amour, rien que l'amour !... «mais il faut bien de temps en temps faire le sexe avec eux, sinon ils s'en vont»), plaint Rudi, en contredisant d'ailleurs ce qu'elle dit de leur rencontre dans ses Mémoires («avec lui, ce n'était pas l'amour au premier regard, oh non, mais il était tellement sensible, et, oui, ce devait être terrible d'être le mari d'une femme célèbre, mais je ne m'en rendais pas compte»), etc.

Elle refuse de commenter la chevauchée finale de *L'Impératrice rouge* («ridicule !... comme si on lui ordonnait tout d'un coup de commenter la chapelle Sixtine »), mais elle répond cependant quand on lui demande d'expliquer en trente secondes pourquoi *La Femme et le Pantin* est son meilleur film («*because it's the best film*», «parce que c'est le meilleur »). Elle évoque en détail et avec exactitude le bout d'essai tourné par Sternberg pour *Der blaue Engel*, que Maximilian Schell n'est pas parvenu à retrouver, et qu'elle-même n'a jamais vu. Elle parle de la guerre (disant, en substance, « non, mon choix n'était pas courageux, nous savions qu'il y avait des camps de la mort, le choix était donc facile à faire, et je connais les Allemands, étant allemande, ils aiment recevoir des ordres, ils veulent un chef, mais cet horrible Hitler, pour moi, c'était trop »). Elle parle aussi de son retour en 1960 sur les scènes allemandes (« il y avait des panneaux "*Marlene Go Home*", mais également des gens très gentils, c'était une affaire d'amour-haine, comme entre amants »).

Puis elle se met en colère quand on la pousse dans ses ultimes retranchements, traitant son intervieweur d'amateur et de *prima donna* qui devrait se signer en prononçant le nom d'Orson Welles, et ferait bien de retourner chez maman Schell pour apprendre les bonnes manières. Enfin elle s'attendrit en se remémorant un poème de Ferdinand von Freiligrath (1810-1876), que sa mère lui apprenait lorsqu'elle avait six ans : « *O lieb', solang du lieben kannst! / O lieb', solang du lieben magst! / Die Stunde kommt, die Stunde kommt, / Wo du an Gräben stehst und klagst!* » : « Oh aime, aime tant que tu peux ! / Oh aime, aime tant que tu veux ! / L'heure viendra, l'heure viendra, où près des tombes tu pleureras. » Et Marlene pleure, en effet, au souvenir de ces vers : « *Vergib, daß ich gekränkt dich hab'! / O Gott, es war nicht bös gemeint!* », « Pardon, si je t'ai meurtri ! / Ô mon Dieu, ce n'était pas fait exprès ! [21] »

Quelle que soit la profondeur de sa douleur, et malgré sa hargne de vieille femme glorieuse, impotente et à court d'argent, la généreuse Dietrich paie une fois encore de sa personne en se laissant, dans sa faiblesse sénile, sûrement alcoolisée, manipuler par toute une équipe dans la force de l'âge, et n'en donnant pas moins de nouveau à un homme doué l'occasion d'une réussite personnelle, dont elle remporte finalement tout l'honneur.

Quatre ans plus tôt, elle a offert les seules minutes qui puissent justifier l'éventuelle survivance de *Just a Gigolo*, dont les vedettes alors d'actualité sont David Bowie et Sydne Rome, en compagnie de célébrités resurgies des années soixante, Kim Novak, Maria Schell, Curd Jürgens. Sa brève apparition « ferait le film » (pour reprendre l'expression de Welles à propos de Tanya), s'il y avait par ailleurs un film. En deux jours de tournage en 1978, à Paris, David Hemmings, acteur ici metteur en scène, la capte fredonnant *Just a Gigolo*, chanson créée en 1931 par l'interprète de jazz Ted Lewis (1890-1971), et qu'elle affirme avoir toujours détestée.

On peut évidemment être navré par les images : de voir le pénible simulacre d'une Marlene de soixante-seize ans, laborieusement accoutrée en Dietrich de caractère dans une tenue autant que possible couvrante et drapée, avec un plâtras de maquillage estompé par une voilette, et faisant pitoyablement sortir des plis de sa jupe longue, pour rappeler la plus ancienne raison de la légende, une de ses jambes désormais dévastées. Sur une des photographies montrant son visage de star grossièrement reconstitué pour la circonstance, où cependant les yeux noblement levés conservent, quoique ternis, une expression admirable, épuisée, lointaine et blessée, elle-même a inscrit en commentaire, de sa grosse écriture anguleuse, avec rage et lucidité : « *How ugly can you get ?* », « Jusqu'où peut-on devenir laide ? »

Et pourtant... Pourtant, c'est, ce *Just a Gigolo* égrené avec lassitude, une de ses interprétations les plus marquantes et, dans le domaine secondaire de ses enregistrements, toujours relatif à ses films, une ultime oraison aussi convaincante que celle prononcée par la Tanya de *La Soif du mal*. Voilà ce que lègue Dietrich, lorsqu'elle énonce, en chant parlé d'une lenteur distante et envoûtante, des poncifs rabâchés auxquels sa voix usée, brisée, sifflante, poignante, donne l'allure captivante de l'expression exacte, du sentiment authentique et de la profonde signification : « *There will come a day, youth will pass away...* », « Un jour viendra où la jeunesse disparaîtra ». Et aussi : « Que dira-t-on de moi ? Quand viendra la fin, je sais, on dira juste un gigolo, et la vie continuera sans moi. » « *Life goes on without me.* »

Mais ce qui, pour des sensibilités d'exception, est peut-être plus cruel encore que de constater que la vie continue alors qu'on s'efface, c'est d'assister à l'effacement de la vie alors qu'on continue. L'accumulation des disparitions de proches et de contemporains, qui jalonne toute existence à l'orée de la vieillesse, est, peut-on dire, inaugurée tôt, pour Marlene, par le décès d'Ernest Hemingway, prix Nobel 1954, qui se donne la mort d'un coup de fusil, le 2 juillet 1961, dans sa 62e année, à Ketchum, dans l'Idaho. Ou peut-être plus tôt encore, avec la mort, le 2 février 1958, à Los Angeles, dans sa 63^e

année, d'un des artisans décisifs du mythe, Travis Banton. Et les deuils se succèdent dans les mondes satellites ou parallèles à l'univers de Dietrich.

Irene se donne la mort le 15 novembre 1962, à Los Angeles, dans sa 61e année. Édith Piaf meurt le 10 octobre 1963, à Plascassier, âgée de 47 ans, et ses obsèques à Paris attirent une foule immense au milieu de laquelle se trouve Dietrich. Le lendemain, 11 octobre 1963, à Milly-la-Forêt, meurt Jean Cocteau, à l'âge de 74 ans. Tamara Matul, l'agneau du sacrifice, meurt le 26 mars 1965, à l'hôpital psychiatrique de Camarillo, en Californie, assassinée, selon Steven Bach, par un aliéné. Mercedes de Acosta meurt le 9 mai 1968, à New York, âgée de 75 ans. Erich Maria Remarque meurt le 25 septembre 1970, à Locarno, âgé de 72 ans. Maurice Chevalier meurt le 1er janvier 1972, à Paris, dans sa 83e année. Noël Coward meurt le 26 mars 1973, dans sa maison de la Jamaïque, à l'âge de 73 ans. Luchino Visconti meurt le 17 mars 1976 à Rome, dans sa 70e année : depuis plus d'une vingtaine d'années, il possédait et exposait chez lui parmi des images d'êtres qui comptaient dans sa vie, une photo de Marlene, en frac masculin, où elle avait inscrit en italien : « *Io ti amo.* »

Friedrich Holländer meurt le 18 juin 1976, à Munich, dans sa 80e année. Fritz Lang meurt le 2 août 1976, à Los Angeles, à l'âge de 86 ans. Jean Gabin meurt le 15 novembre 1976, à Neuilly, âgé de 72 ans. Joan Crawford meurt le 10 mai 1977, à San Antonio, dans le Texas, à l'âge de 73 ans. Charlie Chaplin meurt le 25 décembre 1977, à

Vevey, âgé de 88 ans. Alfred Hitchcock meurt le 29 août 1980, à Los Angeles, dans sa 81ᵉ année. Orson Welles meurt à Hollywood, âgé de 70 ans, le 10 octobre 1985. Et, le même jour, à New York, au même âge, meurt Yul Brynner, un des derniers grands amours de Marlene, du temps de ses récitals. Brian Aherne meurt le 10 mai 1986, à Los Angeles, dans sa 84ᵉ année. Le général James Gavin meurt le 23 février 1990, à Baltimore, dans sa 83ᵉ année. Greta Garbo meurt le 15 avril 1990, à New York, dans sa 85ᵉ année.

Jean Louis, cependant, meurt cinq années après Dietrich, le 20 avril 1997, à Palm Springs, à 89 ans. Douglas Fairbanks Jr. disparaît trois ans plus tard, le 7 mai 2000, à New York, à l'âge de 90 ans. Billy Wilder survit de dix ans à Marlene, après un temps sur terre de cinq ans plus long, en s'éteignant à Los Angeles le 27 mars 2002, dans sa 96ᵉ année. Leni Riefenstahl meurt le 8 septembre 2003, à Pöcking, à l'âge de 101 ans.

Josef von Sternberg disparaît le 22 décembre 1969, à l'âge de 75 ans. Les obsèques se font à Los Angeles dans l'intimité, autrement dit dans un très cruel oubli, si on les compare aux funérailles de Dietrich, vingt-trois années plus tard. Marlene ne s'y montre pas. L'histoire veut que ce soit par délicatesse, afin de ne pas dérober son deuil à Meri, la troisième femme de Jo, qu'il a épousée en 1948, et qui est la mère de son fils (Nicholas, né le 22 janvier 1951 à New York) ; et, ensuite, que Meri von Sternberg, rentrant de la cérémonie, ait trouvé chez elle Marlene qui l'attendait pour la réconforter.

Cela toutefois est vigoureusement contesté par Maria Riva.

Rudi meurt le 24 juin 1976, à l'âge de 69 ans, dans sa ferme de la vallée de San Fernando. Marlene sans doute est trop invalide pour faire un long voyage. Maria, qui s'occupe de l'enterrement et de la pierre tombale de son père, notera cependant : « Ma mère invoqua la peur des reporters, dont elle était convaincue qu'ils viendraient sur la tombe de son unique mari, pour excuser le fait qu'elle resterait à Paris[22]. »

Les jours de Marlene prennent fin le mercredi 6 mai 1992, à la veille exacte de l'ouverture (le 7 mai) du quarante-cinquième Festival de Cannes, dont l'affiche officielle, choisie depuis longtemps, est l'image où Dietrich, sans doute, est la plus suprêmement belle : une photo prise soixante ans plus tôt par Don English, et mise en scène par Sternberg, du visage levé de Shanghai Lily, vibrant d'amour et d'idéal, et merveilleusement dessiné par une pénombre magique. Cette conjonction de dates, ce *perfect timing*, enflamme opportunément l'émotion et amplifie naturellement l'impact. Déjà sur place, le monde du cinéma international est ainsi convoqué pour rendre à la gloire de Marlene Dietrich un hommage fervent et bouleversé.

Ses funérailles à Paris, le 10 mai, en l'église de la Madeleine, attirent une foule de mille cinq cents personnes. Son cercueil est recouvert des drapeaux français et américain. Son corps est transporté à Berlin, où elle est inhumée le 16 mai, au cimetière de Schöneberg, son quartier de naissance. Le

23 octobre 1993, par l'intermédiaire de Sotheby's, à New York, Maria Riva vend le legs de Marlene Dietrich pour cinq millions de dollars à la ville de Berlin et à la Stiftung Deutsche Kinemathek. Quatre ans plus tard, c'est, à Los Angeles, la vente du contenu de son appartement de New York, dont le produit s'élève à 650 000 dollars.

Le 26 septembre 2000, le Film Museum de Berlin inaugure une exposition permanente de la collection Marlene Dietrich. On y compte, au moment de l'ouverture : trois mille pièces de vêtements, mille accessoires, quatre cents chapeaux, quatre cent quarante paires de chaussures, quinze mille photographies, trois cent mille feuillets manuscrits, deux mille cinq cent enregistrements sonores, trois cents affiches, dessins et tableaux.

C'est une archéologie et une autopsie, selon cette méthode qui veut que tous les attirails retrouvés d'une civilisation disparue, ou les moindres organes d'un corps autrefois en vie, soient étiquetés et exhibés pour inciter aux savantes rêveries, et à la reconstitution mentale de leur existence. Mais ici il s'agit d'art ; donc, la civilisation décrite est toujours florissante et le corps célébré reste vivant. Le musée de dépouilles n'implique pas la défaite du territoire qui les lui fournit. Autrement dit, l'œuvre de Marlene Dietrich est sa véritable existence, telle qu'elle l'a inébranlablement voulue jusqu'à son terme, étiquetage des dépouilles compris. Cette existence persiste, se poursuivant à chaque nouvelle vision de ses films, et chaque fois que réapparaissent son image construite et sa voix cultivée.

ANNEXES

1901. Maria Magdalene Dietrich, surnommée Lena, naît le 27 décembre à Schöneberg, banlieue de Berlin. Son père, Louis Dietrich, né en 1867, est officier de police. Sa mère, Josefine, née Felsing en 1876, vient d'une famille aisée d'horlogers. Elle a une sœur aînée, Liesel, née le 5 février 1900.

1906-1914. Liesel et Lena vont à l'école. Louis Dietrich meurt le 5 août 1908. Lena change son prénom en Marlene. Josefine se remarie, avec Eduard von Losch, un officier de cavalerie.

1914-1918. Après la déclaration de guerre, Josefine et ses filles s'installent à Dessau. Von Losch meurt sur le front de l'Est en juillet 1916. Marlene étudie la musique, et pratique intensément le violon.

1919-1921. Marlene est pensionnaire à Weimar. Elle y poursuit ses études de violon, et parfait sa formation générale.

1922. Rentrée à Berlin à l'automne 1921, Marlene doit renoncer à la pratique du violon, à cause d'une inflammation des ligaments. Elle décide de devenir actrice. Elle obtient ses premiers petits rôles au théâtre dans des productions de *La Boîte de Pandore*, de Wedekind, et de *La Mégère apprivoisée*. Au cinéma, engagée par l'assistant de production Rudolph Sieber, elle tourne dans *Tragédie de l'amour*, de Joe May, dont la vedette est Emil Jannings. Elle figure aussi dans *Le Petit Napoléon*, de Georg Jacoby.

1923. Au théâtre, Marlene joue dans quatre pièces, dont *Penthésilée*, de Kleist. Au cinéma, elle tourne dans deux films, dont

L'Homme au bord du chemin, de Wilhelm Dieterle. Le 17 mai 1923, elle épouse Rudolph Sieber (« Rudi »).

1924. Au théâtre, Marlene joue dans *Le Songe d'une nuit d'été*, *Le Malade imaginaire*, et *L'Éveil du printemps*, de Wedekind. Le 13 décembre 1924, elle donne naissance à sa fille Maria Elisabeth.

1925-1929. Durant une période de cinq années, Marlene figure dans une quinzaine de spectacles sur scène, et dans une douzaine de films, en étant la vedette des trois ou quatre derniers de la série. En 1927, elle passe six mois à Vienne, sans Rudi ni sa fille. Elle y tourne *Cafe Elektric*. Rudi se lie avec Tamara Matul (« Tami »), qui sera sa maîtresse pour la vie. De retour à Berlin, Dietrich paraît sur des scènes de music-hall. En mai 1928, dans *C'est dans l'air*, elle chante en duo avec Margo Lion, et c'est sa première chanson enregistrée. En septembre 1929, Josef von Sternberg, venu de Hollywood, avec sa femme Riza Royce, pour tourner *L'Ange bleu*, premier film parlant d'Emil Jannings, la remarque dans la revue *Deux cravates*. Il l'engage pour le rôle de Lola Lola, qui devient le centre du film. Le tournage commence le 9 novembre.

1930. La première de *L'Ange bleu*, le 1ᵉʳ avril, au Gloria-Palast de Berlin, est triomphale. Marlene, qui a signé un contrat de deux films avec la Paramount, s'embarque le soir même pour les États-Unis. Sternberg est parti deux mois plus tôt, pour préparer son arrivée. Marlene arrive à Hollywood le 13 avril. Le tournage de *Morocco*, destiné à faire d'elle une star américaine, commence en juillet. La première a lieu à New York le 14 novembre. Dès octobre, a commencé le tournage d'*Agent X 27*. La version en anglais de *L'Ange bleu* est distribuée le 5 décembre.

1931. La première d'*Agent X 27* a lieu le 5 mars. Marlene passe le premier trimestre à Berlin, jusqu'en avril. Elle revient à Hollywood avec sa fille Maria. Riza Royce l'attaque en justice pour détournement d'affection. Rudi arrive à Hollywood en juillet, afin de poser avec sa femme, sa fille, et Sternberg, pour les photographes. Il repart le 22 août pour Paris, où il vit avec Tami. D'août à novembre, tournage de *Shanghai Express*.

1932. Première de *Shanghai Express* le 2 février à New York. Ce sera le plus grand succès public de l'association Sternberg-Dietrich. En mai commence le tournage de *Blonde Venus*. Marlene reçoit des menaces d'enlèvement de Maria. L'affaire n'a pas d'autres conséquences que publicitaires. Non-lieu des poursuites judiciaires de Riza Royce. La première de *Blonde Venus* a lieu le 22 septembre. C'est un échec public et critique. Sternberg persuade Marlene de tourner avec un autre cinéaste.

1933. Février-mai : tournage du *Cantique des cantiques*, sous la direction de Rouben Mamoulian. Marlene arrive le 20 mai à Paris. Les nazis, au pouvoir depuis fin janvier, interdisent *L'Ange bleu*. L'ambassadeur d'Allemagne approche Marlene pour lui proposer d'être vedette officielle du nouveau régime. Elle fait mine d'accepter à la seule condition que ce soit sous la direction de Sternberg, ce qui est une façon cinglante de refuser : Sternberg est juif. En juillet, elle enregistre deux chansons françaises et quatre allemandes. Elle reste en Europe, avec Maria, Rudi, Tami, jusqu'en automne. Sternberg prépare leur film suivant, « une implacable incursion dans le style » selon ses propres termes.

1934. Au printemps, tournage de *L'Impératrice rouge*. Première à Londres, le 19 mai. L'accueil est mauvais. En octobre, début du tournage de *La Femme et le Pantin*. Sternberg annonce que ce sera son dernier film avec Dietrich.

1935. Première de *La Femme et le Pantin* le 3 mai à New York. Le gouvernement espagnol demande la destruction du film. Il est retiré de la circulation, et ne sera plus montré jusqu'à 1959. Incité par le nouveau directeur du studio, Ernst Lubitsch, Sternberg quitte la Paramount, où il a fait une dizaine de films en huit ans. En décembre, Dietrich commence le tournage de *Désir*, sous la direction de Frank Borzage.

1936. Première de *Désir* à New York le 11 avril. Sous la direction de Henry Hathaway, tournage de *I Loved a Soldier*, qui reste inachevé. Dietrich quitte la Paramount. D'avril à juillet, tournage du *Jardin d'Allah*, en technicolor, produit par David. O. Selznick. Première le 19 novembre, à New York. En juillet, Dietrich part pour Londres, appelée par Alexander Korda, qui lui offre un cachet faramineux, faisant d'elle l'actrice la plus payée du monde. Débute fin juillet le tournage du *Chevalier sans armure*, sous la direction de Jacques Feyder. Première le 2 septembre 1937, à Paris.

1937. Après huit mois passés en Angleterre, Dietrich rentre à Hollywood, pour tourner avec Lubitsch, pour la Paramount. Le 6 mars, elle entame une procédure pour obtenir la nationalité américaine. Le tournage d'*Angel* commence fin mars. Première le 3 novembre, à New York. L'accueil est mauvais. La Paramount se sépare de Dietrich et de Lubitsch. Dietrich ne tournera plus durant 27 mois. Elle part pour l'Europe en juin. À Venise, elle rencontre Erich Maria Remarque. Leur liaison commence.

1938. Mai : Dietrich se trouve mise sur une liste de stars classées comme « poison du box-office ». Le 6 juin, elle obtient la nationalité américaine.

1939. En été, alors qu'elle séjourne au Cap d'Antibes, l'Universal lui propose un rôle dans un western. Sternberg lui conseille d'accepter. Tourné en automne, et présenté le 29 novembre à New York, *Destry Rides Again* (*Femme ou démon*) rencontre un grand succès public et relance sa carrière.

1940. *La Maison des sept péchés*, de Tay Garnett. Guerre en Europe. Début de la liaison de Dietrich avec Jean Gabin qui, refusant l'occupation allemande, est arrivé à Hollywood.

1941. *La Belle Ensorceleuse*, sous la direction d'un autre Français, René Clair. Après le bombardement de Pearl Harbour, et l'entrée en guerre des États-Unis, s'engage dans les USO, qui organisent des spectacles pour les troupes.

1942-1943. Se produit, avec Orson Welles, dans un numéro de magie qui figure dans un film de propagande (*Follow the Boys*). Enchaîne les tournages de quatre films. En fin 1943, Jean Gabin part rejoindre les Forces françaises libres en Afrique du Nord.

1944. Marlene arrive à Casablanca en avril, avec le grade de capitaine de l'US Army. Se produit sur scène à Alger, où elle retrouve Gabin. Adopte une chanson allemande, dans sa version anglaise : *Lili Marlene*. Suit les troupes de libération en Italie. En hiver, se trouve sur le front de la bataille des Ardennes. Liaison avec le général James Gavin.

1945. Arrive en février 1945 dans Paris libéré. Rentre à New York en juillet. Reçoit des nouvelles de sa mère, dont l'état-major américain a retrouvé la trace à Berlin. Elle s'y rend pour la revoir. Josefine von Losch meurt le 6 novembre.

1946. De retour à Paris, Marlene tourne en français, avec Gabin, *Martin Roumagnac*. Désastre critique et public. Séparation avec Gabin.

1947. Retour aux États-Unis. Tournage des *Anneaux d'or*, pour la Paramount, d'août à octobre. Est décorée en novembre de la médaille de la Liberté, première femme à la recevoir. Le 4 juillet, sa fille Maria épouse William Riva.

1948. Tournage de *La Scandaleuse de Berlin*, de Billy Wilder, son meilleur film depuis Sternberg. Première à New York le 7 juillet. Peu avant, le 28 juin, naissance du premier fils de Maria. Publicité pour « la grand-mère la plus *glamour* du monde ».

1949. À Londres, pour tourner, de mai à septembre, avec Alfred Hitchcock *Stagefright* (*Le Grand Alibi*). Elle y chante, pour la première fois, *La Vie en rose*, empruntée à Édith Piaf.

1950. À New York, liaison avec Yul Brynner.

1951. Mars-avril : tournage de *Rancho Notorious* (*L'Ange des maudits*), de Fritz Lang, dont elle déteste le despotisme.

1953. Premier récital en décembre, à l'hôtel Sahara de Las Vegas, pour un cachet qui est le plus élevé jamais accordé. C'est le début d'une carrière sur les scènes du monde entier, qui va durer vingt-deux ans.

1954. Juin-juillet : récital au Café de Paris, à Londres, avec une présentation de Noël Coward. En août, gala à Monte-Carlo, avec une présentation de Jean Cocteau, lue par Jean Marais.

1955. Récitals à Londres et à Las Vegas.

1956. Un rôle dans *Le Tour du monde en 80 jours*, de Michael Anderson, qui réunit des stars internationales.

1957. Au début de l'année, tourne en deux soirs de courtes scènes pour *La Soif du mal*, d'Orson Welles. Elle estimera n'avoir jamais mieux joué. En été, tourne *Témoin à charge*, de Billy Wilder. Récitals à Las Vegas en février et en novembre.

1958. Récitals à Las Vegas, Miami et Londres. Burt Bacharach devient son accompagnateur.

1959. Mai : récital à Las Vegas. En août, tournée en Amérique du

Sud : Rio de Janeiro, Santiago du Chili, São Paulo, Buenos Aires, Montevideo. En novembre, à Paris, au Théâtre de l'Étoile.

1960. Avril : en Autriche, pour un récital à Vienne. En mai, tournée en Allemagne. Premier retour sur une scène berlinoise depuis 1929. Presse hostile, à cause de son engagement durant la guerre. À Düsseldorf, une jeune femme lui crache au visage. À Wiesbaden, elle perd l'équilibre et se casse l'épaule, mais continue sa tournée. Son dernier récital à Munich, le 27 mai, est triomphal (64 rappels). Brève tournée au Danemark, en Norvège, et en Suède En juin, pour la première fois en Israël, d'abord à Tel-Aviv. Elle est acclamée lorsqu'elle chante en allemand. En juillet en Espagne, à Madrid. D'août à octobre aux États-Unis et au Canada.

1961. Au début de l'année, tournage de *Jugement à Nuremberg*, de Stanley Kramer, avec Spencer Tracy. Tournée de récitals aux États-Unis. Fait paraître en anglais un répertoire de ses principes et recettes : *Marlene Dietrich's ABC*.

1962. Enregistre le commentaire d'un documentaire sur Hitler : *The Black Fox*. Erich Maria Remarque contribue à la version allemande. Récitals aux États-Unis, en France, en Allemagne et en Suisse.

1963. Récitals à Monaco, en Belgique, en Espagne, en Allemagne, au Mexique, aux États-Unis, en Suède et à Londres.

1964. Récitals en Pologne, en Suisse, en Russie, au Danemark, en Suède, en France, en Italie, en Écosse, aux États-Unis, au Canada, à Londres. Burt Bacharach n'est plus qu'occasionnellement son chef d'orchestre. Fait une apparition, en tailleur blanc de Dior, avenue Montaigne, dans *Paris When It Sizzles*.

1965. Récitals en Afrique du Sud, au Danemark, en Angleterre, en Écosse, en Australie. Le 26 mars, mort de Tamara Matul, « Tami », dans un asile d'aliénés. Parution de l'autobiographie de Josef von Sternberg : *Fun in a Chinese Laundry*.

1966. Deuxième et dernière tournée en Israël. Récitals en Pologne, en Afrique du Sud, en Angleterre, en Écosse, en Irlande.

1967. Récitals au Canada, au Danemark, en Finlande, à New York.

1968. En Australie, en Californie, à New York, à Las Vegas.

1969. Au Canada et aux États-Unis. Le 22 décembre, mort de Sternberg, à Los Angeles.

1970. Septembre : récitals au Japon, à Osaka.

1971. Juillet : récitals à Copenhague, en septembre à Londres.

1972. Avril : en Italie, en mai à Londres, en septembre aux États-Unis, en novembre de nouveau à Londres, au New London Theatre, où son récital est filmé.

1973. Février et mars tournée aux États-Unis, mai et juin tournée en Angleterre, septembre et octobre à Paris, à l'Espace Cardin, fin octobre au Danemark et en Suède, novembre et décembre aux États-Unis et au Canada. À Washington, voulant serrer la main du chef d'orchestre, elle tombe dans la fosse, se blessant à la jambe.

1974. Tournée aux États-Unis jusqu'à fin mai. En juin au Mexique. En septembre à Londres. En novembre au Brésil et au Venezuela. En décembre au Japon, à Osaka et à Tôkyô.

1975. En janvier en Belgique et en Hollande. En février en Angleterre. De mars à juillet tournée au Canada et aux États-Unis. En septembre en Australie, à Melbourne, Camberra et Sidney. Le 29 septembre, à Sydney, elle fait une chute sur scène, se cassant le fémur. On la transporte à New York, pour l'hospitaliser. C'est la fin de sa carrière sur scène.

1976. Se retire dans son appartement parisien, d'où bientôt elle ne sortira plus, jusqu'à devenir grabataire, durant les dix dernières années de sa vie. Le 24 juin, mort de Rudolf Sieber, « Rudi », en Californie.

1978. Tourne une courte scène pour *Just a Gigolo*, de David Hemmings. Elle interprète la chanson du titre. C'est sa dernière interprétation. Elle est envoûtante.

1979. Son autobiographie paraît d'abord en Allemagne, traduite de l'anglais, sous le titre de *Nehmt nur mein Leben*. Des retraductions paraîtront en anglais, en allemand et en français.

1982. Septembre : chez elle, avenue Montaigne, Maximilian Schell enregistre sa voix, sans la filmer, pour un documentaire sur sa carrière. C'est un témoignage à la fois passionnant et déchirant.

1992. Marlene Dietrich meurt le mercredi 6 mai, à la veille de l'ouverture du Festival de Cannes, qui lui était consacré cette année-là. 10 mai : Ses obsèques ont lieu à Paris, en l'église de la Madeleine. Son corps est inhumé à Berlin le 16 mai.

2000. 26 septembre : le Film Museum de Berlin inaugure une exposition permanente de la collection Marlene Dietrich.

2003. 12 juin : à Paris, c'est l'inauguration de la place Marlene-Dietrich, non loin de son domicile de l'avenue Montaigne.

RÉFÉRENCES BIBLIOGRAPHIQUES

Les publications sur Marlene Dietrich n'ont cessé de se multiplier depuis les années 1930, en particulier avec de récurrentes « biographies » parues dans d'éphémères et commerciales collections de vies de stars, et en toutes les langues. Depuis sa mort, et la mise à disposition de ses archives par Maria Riva, plusieurs ouvrages savants ont été publiés. Nous citons ici les titres qui ont servi de base à notre travail.

OUVRAGES DE MARLENE DIETRICH

Marlene Dietrich's ABC, Avon Book, New York, 1961 ; Frederick Ungar, New York, 1984 (édition revue).
Marlene D., traduit de l'édition anglaise par Boris Mattews et Françoise Ducout, Grasset, 1984.

Éditions posthumes des archives de Marlene Dietrich

Correspondance avec Erich Maria Remarque, *Sag mir, Daß du mich liebst*, Verlag Kiepenheuer & Witsch, Cologne, 2001 ; *« Dis-moi que tu m'aimes » : témoignages d'une passion*, traduit de l'allemand par Anne Weber, Stock, 2002, Librairie générale française, 2004.
Les poèmes nocturnes : *Nachtgedanken*, Bertelsmann Verlag, Munich, 2005.

RÉFÉRENCES PRINCIPALES

Steve Bach, *Marlene Dietrich : Life and Legend*, W. Morrow, New York, 1992.

Leni Riefenstahl, *Mémoires*, traduit de l'allemand par Laurent Dispot, Grasset, 1994.

Maria Riva, *Marlene Dietrich par sa fille Maria Riva*, traduit de l'anglais par Anna Gibson, Anouk Neuhoff et Yveline Paume, Flammarion, 1993.

Josef von Sternberg, *De Vienne à Shanghai, les tribulations d'un cinéaste*, traduit de l'anglais par Michèle Miech-Chatenay, Flammarion, 1989. Paru sous le titre original : *Fun in a Chinese Laundry*, MacMillan, New York, 1965.

AUTRES OUVRAGES CONSULTÉS

Peter Baxter, *Just Watch, Sternberg, Paramount and America*, British Film Institute, Londres, 1993.

Alain Bosquet, *Marlene Dietrich, un amour par téléphone*, La Différence, 1992.

Collectif, *Marlene Dietrich : création d'un mythe*, catalogue du Musée Galliera, Paris-Musées, 2003.

Sergueï Mikhaïlovitch Eisenstein, *Mémoires 1, œuvres*, tome 3, traduction de Jacques Aumont, 10/18, 1978.

Jean-Jacques Naudat, Maria et Peter Riva (sous la dir. de), *Marlene Dietrich, Photographs and Memories from the Marlene Dietrich Collection of the Film Museum Berlin*, édition établie par Jean-Jacques Naudet, New York, 2001.

Erich Maria Remarque, *Arc de Triomphe*, traduit de l'allemand par Édouard Beique, 1947, Omnibus, 2001.

Klaus Jurgen Sembach, *Marlene Dietrich, portraits 1926-1960*, avec une préface pénétrante de François Weyergans, Denoël, 1984.

Malene Sheppard Skærved, *Dietrich*, Haus Publishing, Londres, 2003.

Herman G. Weinberg, *Josef von Sternberg*, traduit de l'anglais par Jean-Pierre Déporte et Nicole Brunet, Seghers, 1966.

Et nous avons naturellement puisé dans l'inestimable site officiel de la Collection Marlene Dietrich de Berlin, en constant devenir : www.marlene.com

1922. *Le Petit Napoléon* (*Der kleine Napoleon*) de Georg Jacoby, avec Wilhelm Bendow.

1923. *La Tragédie de l'amour* (*Tragödie der Liebe*) de Joe May, avec Emil Jannings.
L'Homme au bord du chemin (*Der Mensch am Wege*) de Wilhelm Dieterle, avec Wilhelm Dieterle.

1924. *Le Saut dans la vie* (*Der Sprung ins Leben*) de Johannes Guter, avec Xenia Desni.

1925. *Manon Lescaut*, de Arthur Robison, avec Lya De Putti.
Le Cavalier de ma femme (*Der Tänzer meiner Frau*), de Alexander Korda, avec Livio Pavanelli.

1926. *Une Du Barry moderne* (*Eine Du Barry von heute*) de Alexander Korda, avec Alfred Abel.
Madame ne veut pas d'enfant (*Madame wünscht keine Kinder*) de Alexander Korda, avec Camilla Horn.
Tête haute, Charly ! (*Kopf hoch, Charly !*) de Willy Wolff, avec Michael Bohnen.

1927. *Le Baron imaginaire* (*Der Juxbaron*) de Willy Wolff, avec Reinhold Schünzel.
Le Plus Grand Bluff (*Sein größter Bluff*) de Harry Piel et Henrik Galeen, avec Paul Walker.
Filles d'amour (*Cafe Elektric*) de Gustav Ucicky, avec Willi Forst.

1928. *Princesse Olala* (*Prinzessin Olala*) de Robert Land, avec Hans Albers.
Ce n'est que votre main madame (*Ich küsse Ihre Hand, Madame*) de Robert Land, avec Harry Liedtke.

1929. *La Femme que l'on désire* (*Die Frau, nach der Man sich sehnt*) de Curtis Bernhardt, avec Oskar Sima.
Le Navire des hommes perdus (*Das Schiff der verlorenen Menschen*) de Maurice Tourneur, avec Gaston Modot.

Le Danger des fiançailles (*Gefahren der Brautzeit*) de Fred Sauer, avec Ernst Stahl-Nachbaur.

1930. *L'Ange bleu* (*Der blaue Engel*) de Josef von Sternberg, avec Emil Jannings.

Cœurs brûlés (*Morocco*) de Josef von Sternberg, avec Gary Cooper.

1931. *Agent X 27* (*Dishonored*) de Josef von Sternberg, avec Victor McLaglen.

1932. *Shanghai Express*, de Josef von Sternberg, avec Clive Brook.

Vénus blonde (*Blonde Venus*) de Josef von Sternberg, avec Cary Grant.

1933. *Le Cantique des cantiques* (*The Song of Songs*) de Rouben Mamoulian, avec Brian Aherne.

1934. *L'Impératrice rouge* (*The Scarlet Empress*) de Josef von Sternberg, avec John Lodge.

1935. *La Femme et le Pantin* (*The Devil Is a Woman*) de Josef von Sternberg, avec Lionel Atwill.

Désir (*Desire*) de Frank Borzage, avec Gary Cooper.

Le Côté mode de Hollywood (*The Fashion Side of Hollywood*), de Josef von Sternberg. Documentaire : défilé des stars de la Paramount dans leur costumes de tournage.

1936. *I Loved a Soldier* de Henry Hathaway ; avec Charles Boyer. Inachevé.

Le Jardin d'Allah (*The Garden of Allah*) de Richard Boleslawski, avec Charles Boyer.

1937. *Le Chevalier sans armure* (*Knight Without Armour*) de Jacques Feyder, avec Robert Donat.

Ange (*Angel*) de Ernst Lubitsch, avec Melvyn Douglas.

1939. *Femme ou démon* (*Destry Rides Again*) de George Marshall, avec James Stewart.

1940. *La Maison des sept péchés* (*Seven Sinners*) de Tay Garnett, avec John Wayne.

1941. *La Belle Ensorceleuse* (*The Flame of New Orleans*) de René Clair, avec Bruce Cabot.

L'Entraîneuse fatale (*Manpower*) de Raoul Walsh, avec John Wayne.

1942. *Madame veut un bébé* (*The Lady Is Willing*) de Mitchell Leisen, avec Fred MacMurray.

Les Écumeurs (*The Spoilers*) de Ray Enright, avec John Wayne.

1943. *Doc. Le Show-business en guerre* (*The Show Business at War*). Une apparition seulement.
Pittsburgh, de Lewis Seiler, avec John Wayne.
1944. *Hollywood Parade* (*Follow the Boys*) de A. Edward Sutherland, avec George Raft. Apparition dans un numéro de magie avec Orson Welles.
Kismet de William Dieterle, avec Ronald Colman.
1946. *Martin Roumagnac* de Georges Lacombe, avec Jean Gabin.
1947. *Les Anneaux d'or* (*Golden Earrings*) de Mitchell Leisen, avec Ray Milland.
1948. *La Scandaleuse de Berlin* (*A Foreign Affair*) de Billy Wilder, avec Jean Arthur.
1949. *L'Ange de la haine* (*Jigsaw*) de Fletcher Markle, avec Henry Fonda. Une apparition seulement.
1950. *Le Grand Alibi* (*Stage Fright*) de Alfred Hitchcock, avec Jane Wyman.
1951. *Le Voyage fantastique* (*No Highway*) de Henry Koster, avec Jack Hawkins.
1952. *L'Ange des maudits* (*Rancho Notorious*) de Fritz Lang, avec Mel Ferrer.
1956. *Le Tour du monde en 80 jours* (*Around the World in Eighty Days*) de Michael Anderson, avec David Niven.
1957. *Une histoire à Monte-Carlo* (*The Monte Carlo Story*) de Samuel Taylor, avec Vittorio De Sica.
1958. *Témoin à charge* (*Witness for the Prosecution*) de Billy Wilder, avec Tyrone Power.
La Soif du mal (*Touch of Evil*) de Orson Welles, avec Charlton Heston.
1961. *Jugement à Nuremberg* (*Judgment at Nuremberg*) de Stanley Kramer, avec Spencer Tracy.
1962. *La Véritable Histoire d'Adolf Hitler* (*The Black Fox : The True Story of Adolf Hitler*), documentaire de Louis Clyde Stowmen. Narration de Marlene Dietrich.
1964. *Paris qui pétille* (*Paris When It Sizzles*) de Richard Quine, avec William Holden. Une apparition seulement.
1972. *I Wish You Love / An Evening With Marlene Dietrich* de Clark Jones. Documentaire, récital filmé les 23 et 24 novembre au New London Theatre.

1978. *Just a Gigolo* (*Schöner Gigolo*) de David Hemmings, avec David Bowie.
1982. *Marlene : un documentaire* (*Marlene : A Feature*), documentaire de Maximilian Schell. Narration de Marlene Dietrich.

VIDÉOGRAPHIE

Les plus célèbres de ces films sont régulièrement édités en vidéos, VHS et maintenant DVD. Distinguons la remarquable édition en DVD de *Der blaue Engel*, chez mk2, en 2004, avec en plus la rare version anglaise, *The Blue Angel*, et un bonus passionnant, comportant le bout d'essai retrouvé de Marlene filmé par Sternberg, qu'elle-même n'a jamais vu.

DISCOGRAPHIE

Les chansons extraites de bandes sonores de films, ou enregistrées en studio ou en public, font depuis des décennies l'objet d'innombrables compilations. Signalons la plus complète, à ce jour, de ces anthologies, une rétrospective en quatre CD : *Marlene Dietrich, Der blonde Engel*, EMI Electrola, 2001.

NOTES

LA MATRICE BERLINOISE

1. Marlene Dietrich, *Marlene Dietrich's ABC*, Frederik Ungar, New York, 1984 ; traduction de l'allemand par Jean Pavans pour toutes les citations extraites de ce livre.

2. Josef von Sternberg, *De Vienne à Shanghai,* Flammarion, 1989.

3. Marlene Dietrich, *Marlene D.*, Grasset, 1984.

4. *Ibid.*

5. *Ibid.*

6. Maria Riva, *Marlene Dietrich par sa fille Maria Riva*, Flammarion, 1993.

7. *Ibid.*

8. *Ibid.*

9. Marlene Dietrich, *Marlene D., op. cit.*

10. Marlene Dietrich, *Marlene Dietrich's ABC, op. cit.*

11. Steven Bach, *Marlene Dietrich : Life and Legend*, W. Morrow, New York, 1992.

12. *Ibid.*

13. Josef von Sternberg, *op. cit.*

14. *Ibid.*

15. *Ibid.*

16. Marlene Dietrich, *Marlene D., op. cit.*

17. Josef von Sternberg, *op. cit.*

18. Marlene Dietrich, *Marlene D., op. cit.*

19. *Ibid.*

20. Josef von Sternberg, *op. cit.*

1. Josef von Sternberg, *op. cit.*

2. *Ibid.*

3. *Ibid.*

4. *Ibid.*

5. *Ibid.*

6. *Ibid.*

7. Siegfried Kracauer, *De Caligari à Hitler : une histoire psycholo-gique du cinéma allemand*, traduit de l'anglais par Claude B. Levenson, L'Âge d'homme, 1973, Flammarion, 1987.

8. Marlene Dietrich, *Marlene D., op. cit.*

9. Marlene Dietrich, *Marlene Dietrich's ABC, op. cit.*

10. Josef von Sternberg, *op. cit.*

11. *Ibid.*

12. *Ibid.*

13. *Ibid.*

14. *Ibid.*

15. *Ibid.*

16. *Ibid.*

17. *Ibid.*

18. *Ibid.*

19. *Ibid.*

20. *Ibid.*

21. *Ibid.*

22. *Ibid.*

23. In *Shanghai Express,* 1932.

24. *Ibid.*

25. Marlene Dietrich, *Marlene D., op. cit.*

26. Josef von Sternberg, *op. cit.*

27. Marlene Dietrich, *Marlene D., op. cit.*

28. Josef von Sternberg, *op. cit.*

29. Leni Riefenstahl, *Mémoires*, Grasset, Paris, 1997.

30. Josef von Sternberg, *op. cit.*

31. *Ibid.*

32. *Ibid.*

33. *Ibid.*

34. *Ibid.*

35. *Ibid.*

36. *Ibid.*

37. *Ibid.*

38. In *Chasseurs de Salut*, 1925.

39. Josef von Sternberg, *op. cit.*

40. *Ibid.*

41. *Ibid.*

42. Marlene Dietrich, *Marlene D.*, *op. cit.*

43. Josef von Sternberg, *op. cit.*

44. *Ibid.*

45. *Ibid.*

46. *Ibid.*

47. Marlene Dietrich, *Marlene D.*, *op. cit.*

48. Josef von Sternberg, *op. cit.*

49. Lettre du 26 décembre 1959 de Sternberg à W. G. Simpson, citée dans Herman G. Weinberg, *Josef von Sternberg*, Seghers, Paris, 1966.

50. Josef von Sternberg, *op. cit.*

51. *Ibid.*

52. *Ibid.*

53. *Ibid.*

54. *Ibid.*

55. *Ibid.*

56. *Ibid.*

L'ANGE BLEU

1. Josef von Sternberg, *op. cit.*

2. *Ibid.*

3. *Ibid.*

4. Marlene Dietrich, *Marlene D.*, *op. cit.*

5. Josef von Sternberg, *op. cit.*

6. Marlene Dietrich, *Marlene D.*, *op. cit.*

7. *Ibid.*

8. *Ibid.*

9. Josef von Sternberg, *op. cit.*

10. *Ibid.*

11. *Ibid.*

12. *Ibid.*
13. *Ibid.*
14. *Ibid.*
15. Leni Riefenstahl, *op. cit.*
16. Josef von Sternberg, *op. cit.*
17. *Ibid.*
18. *Ibid.*
19. *Ibid.*
20. Marlene Dietrich, *Marlene D., op. cit.*
21. Josef von Sternberg, *op. cit.*
22. *Ibid.*
23. *Ibid.*
24. *Ibid.*
25. *Ibid.*
26. *Ibid.*
27. Marlene Dietrich, *Marlene D., op. cit.*
28. Josef von Sternberg, *op. cit.*
29. Leni Riefensthal, *op. cit.*
30. Marlene Dietrich, *Marlene D., op. cit.*

MOROCCO ET *AGENT X 27*

1. Josef von Sternberg, *op. cit.*
2. *Ibid.*
3. *Ibid.*
4. *Ibid.*
5. Marlene Dietrich, *Marlene D., op. cit.*
6. *Ibid.*
7. Cité par Steven Bach, *op. cit.*
8. Josef von Sternberg, *op. cit.*
9. *Ibid.*
10. *Ibid.*
11. Marlene Dietrich, *Marlene D., op. cit.*
12. Josef von Sternberg, *op. cit.*
13. *Ibid.*
14. Les détails de cette étonnante correspondance se lisent dans la Newsletter n° 19 (15 décembre 2000) du site www.marlene.com.

15. Sergueï Mikhaïlovitch Eisenstein, *Mémoires 1, œuvres*, tome 3, 10/18, 1978.

16. Josef von Sternberg, *op. cit.*

17. Sergueï Mikhaïlovitch, *op. cit.*

SHANGHAI EXPRESS ET BLONDE VENUS

1. Maria Riva, *op. cit.*

2. *Ibid.*

3. *Ibid.*

4. *Ibid.*

5. Figurant dans *Photographs and Memories. The Marlene Dietrich Collection*, New York, 2001.

6. Josef von Sternberg, *op. cit.*

7. *Ibid.*

8. Marlene Dietrich, *Marlene D.*, *op. cit.*

9. Josef von Sternberg, *op. cit.*

10. *Ibid.*

L'IMPÉRATRICE ROUGE ET LA FEMME ET LE PANTIN

1. Josef von Sternberg, *op. cit.*

2. *Ibid.*

3. *Ibid.*

4. Marlene Dietrich, *Marlene D.*, *op. cit.*

5. Cité dans la Newsletter n° 68 du site marlene.com

6. *Ibid.*

7. Josef von Sternberg, *op. cit.*

8. *Ibid.*

9. *Ibid.*

10. *Ibid.*

11. Prosper Mérimée, « Une femme est un diable ou La Tentation de Saint Antoine » (1825), in *Théâtre de Clara Gazul-Romans et nouvelles*, Gallimard, coll. « Pléiade », 1979.

12. Josef von Sternberg, *op. cit.*

13. *Ibid.*

14. Marlene Dietrich, *Marlene D.*, *op. cit.*

15. Herman G. Weinberg, lettre du 15 juin 1949 de Sternberg à Curtis Harrington, in *op. cit.*

16. Marlene Dietrich, *Marlene D.*, *op. cit.*

HOLLYWOOD ET LES AUTRES

1. Marlene Dietrich, *Marlene Dietrich's ABC*, *op. cit.*

2. Josef von Sternberg, *op. cit.*

3. *Ibid.*

4. *Ibid.*

5. *Ibid.*

6. Erich Maria Remarque, « *Dis-moi que tu m'aimes* » : *témoignages d'une passion*, Stock, 2002.

7. *Ibid.*

8. Marlene Dietrich, *Marlene D.*, *op. cit.*

9. *Ibid.*

10. Erich Maria Remarque, *Arc de Triomphe*, Omnibus, 2001.

11. Marlene Dietrich, *Marlene Dietrich's ABC*, *op. cit.*

12. *Ibid.*

13. *Ibid.*

14. *Ibid.*

15. *Ibid.*

LA GUERRE ET APRÈS

1. Marlene Dietrich, *Marlene Dietrich's ABC*, *op. cit.*

2. Marlene Dietrich, *Marlene D.*, *op. cit.*

3. *Ibid.*

4. *Ibid.*

5. *Ibid.*

6. Marlene Dietrich, *Marlene Dietrich's ABC*, *op. cit.*

7. Marlene Dietrich, *Marlene D.*, *op. cit.*

8. *Ibid.*

9. *Ibid.*

10. Marlene Dietrich, *Marlene Dietrich's ABC*, *op. cit.*

11. Orson Welles et Peter Bogdanovitch, *Moi, Orson Welles, Entretiens avec Peter Bogdanovitch*, Le Seuil, 1996.

12. Marlene Dietrich, *Marlene D.*, *op. cit.*

13. *Ibid.*

14. *Ibid.*

15. *Ibid.*

16. *Ibid.*

17. Maria Riva, *op. cit.*

18. Cité par Malene Sheppard Skærved, *Dietrich*, 2003.

19. Maria Riva, *op. cit.*

20. *Ibid.*

21. *Ibid.*

22. Cité par Bruno Villien, *Alfred Hitchcock*, Éditions Colona, 1982.

23. *Ibid.*

24. Marlene Dietrich, *Marlene D.*, *op. cit.*

25. Maria Riva, *op. cit.*

26. Marlene Dietrich, *Marlene D.*, *op. cit.*

27. Cité par Steven Bach, *op. cit.* Extrait traduit de l'anglais par Jean Pavans.

LA SCÈNE ET LA FIN

1. Josef von Sternberg, *op. cit.*

2. Maria Riva, *op. cit.*

3. Marlene Dietrich, *Marlene Dietrich's ABC*, *op. cit.*

4. Marlene Dietrich, *Marlene D.*, *op. cit.*

5. *Marlene Dietrich : création d'un mythe*, catalogue du Musée Galliera, 2003.

6. Cité par Steven Bach, *op. cit.*

7. Catalogue du Musée Galliera, *op. cit.*

8. Marlene Dietrich, *Marlene D.*, *op. cit.*

9. *Ibid.*

10. *Ibid.*

11. *Ibid.*

12. *Nachtgedanken*, Bertelsmann Verlag, 2005. Traduit de l'anglais par Jean Pavans.

13. *Marlene D.*, *op. cit.*

14. Figurant dans le livret du CD, *Marlene Dietrich. Der blonde Engel.*

15. *The Noel Coward Diaries*, Graham Payn and Sheridan Morley, Macmillan, 1992. Traduction de l'anglais de cet extrait par Jean Pavans.

16. Marlene Dietrich, *Marlene D.*, *op. cit.*

17. Orson Welles et Peter Bogdanovitch, *op. cit.*

18. Marlene Dietrich, *Marlene D.*, *op. cit.*

19. Catalogue du Musée Galliera, *op. cit.*

20. Marlene Dietrich, *Marlene D.*, *op. cit.*

21. Traduit de l'allemand par Jean Pavans.

22. Maria Riva, *op. cit.*

ANNEXES

COLLECTION FOLIO

Dernières parutions

Composition Bussière.
Impression Maury-Eurolivres
45300 Manchecourt,
le 25 janvier 2007.
Dépôt légal : janvier 2007.
Numéro d'imprimeur : 126662.

ISBN 978-2-07-030837-8./Imprimé en France.